平晴彦

辻留の盛り付け

茶懐石からお弁当まで

淡交社

はじめに

料理の盛り付けは楽しいものです。それをいうならば料理をつくることも、楽しいひとときです。

毎日、素材、料理と向き合い、繰り返し盛り付けを重ねるなかで、一番要求されるのは直感力なのだろうと思います。一目見て盛り付け方を決める力と、言いかえることもできます。

これは仕事を通じて自分を育てるうちに、少しずつ芽生えて、身に付くものですから、経験の多さ、時間の長さが大切です。

茶事の前に亭主を訪ね、茶会の主旨や考えを聞き、器をみながら献立をつくります。

そのときすでに頭のなかでは、盛り付けの姿はできあがっているのです。

鉢の材質、深い浅い、陶磁器やガラス、漆器、蓋物と、数多くの種類があり、先人が自分の好みに合せ、国内のみならず海外に注文してつくった名品をみて、器との相性や彩りを考えて合せます。

すべての盛り付けは本文で詳しくのべますが、大切なことは食べよく、スッキリとした清潔な印象を与えることです。

鉢によっては包み込むような盛り付けを求められたり、涼しげな盛り付けや余白をいかすもの、反面、折り詰めのように隙間なく盛り合せることが必要な場合もあります。

料理をいかすのが盛り付けの役目であり、最初の一箸の使い方で、でき映えまで決まるのも盛り付けの不思議といえます。

懐石には約束事もあり、それを守り、いかに食べよく盛り付けるか、といったことが基本です。

また折敷《おしき》の膳組を、盛り付けとは別のものと考える人もいると思いますが、キリッと、緊張感の漂う膳組こそ、亭主の料理に対する造詣の深さや思い入れを、客方に感じとっていただく最初の大きなメッセージで、料理のありようまで端的に表す姿ですから、盛り付けとなんらかかわるものではありません。

この本が皆様の毎日の盛り付けに役立てばと願っています。

京都 辻留 主 平 晴彦

目次

辻留の盛り付け

茶懐石からお弁当まで

盛り付け Q&A

撮影　大道雪代

デザイン　くつま舎

久都間ひろみ

茶懐石を盛り付ける

茶懐石を盛り付ける

美しい盛り付けの法則

料理の盛り付けは美しいだけではなく、お人にとって「頂きやすい」ことも考慮しなければなりません。茶の湯ではなにかと「真《しん》・行《ぎょう》・草《そう》」が言われますが、実は盛り付けにも「真・行・草」があります。

盛り付けの形のもと「真・行・草」

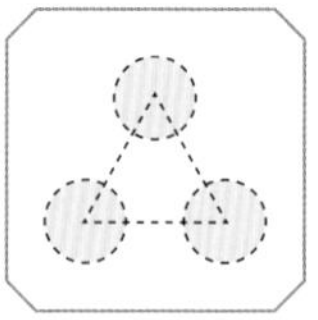

真

盛り付けの形のもととなるものは、神事のあとにいただく直会《なおらい》の折敷《おしき》に盛られた姿でしょう。これは、正方形の白木地の上に三種の料理が正三角形になるように盛り付けられたもので（いわゆる三種盛り）、この形は中心線からいささかもずれることのない左右対称の姿で緊張感を感じます。この盛り付け方が一番の基本形で「真」の姿です。

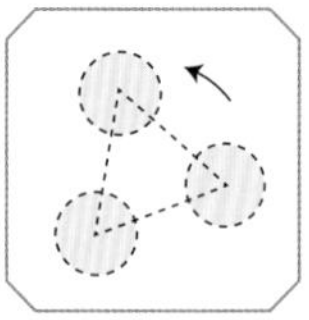

行

真の形から少し変化させ、三角形の頂点を左へ、右下も正三角形になるよう移動させます。このわずかな変化で、盛り付けにリズム感と軽快感が生まれ、これが「行」の形です。

草

「草」の形は約束ごとをいっさい取りはらい無作為にもみえる盛り付けです。形にとらわれず、それぞれの料理を楽しく取り合わせて盛り付けると考えてよいでしょう。

左頁写真
上「真」の盛り付け
下「行」の盛り付け

写真左
無作為に盛られた「草」の盛り付け

美しく盛り付ける
九つの心得

一、懐石の盛り付けの土台は三角形。

二、客の取りやすさ、食べやすさを第一に。

三、食材の特徴をいかす。

四、盛り付けを念頭におきながら、
　食材を調理する。

五、よく切れる包丁を使って、盛る物を美しく。

六、盛り付けるときは手際よく。

七、器が料理を選び、料理が器を選ぶ。

八、盛り付けは、器の空間を残しながら満たす。

九、料理は「画竜点睛」。最後まで気をぬかない。

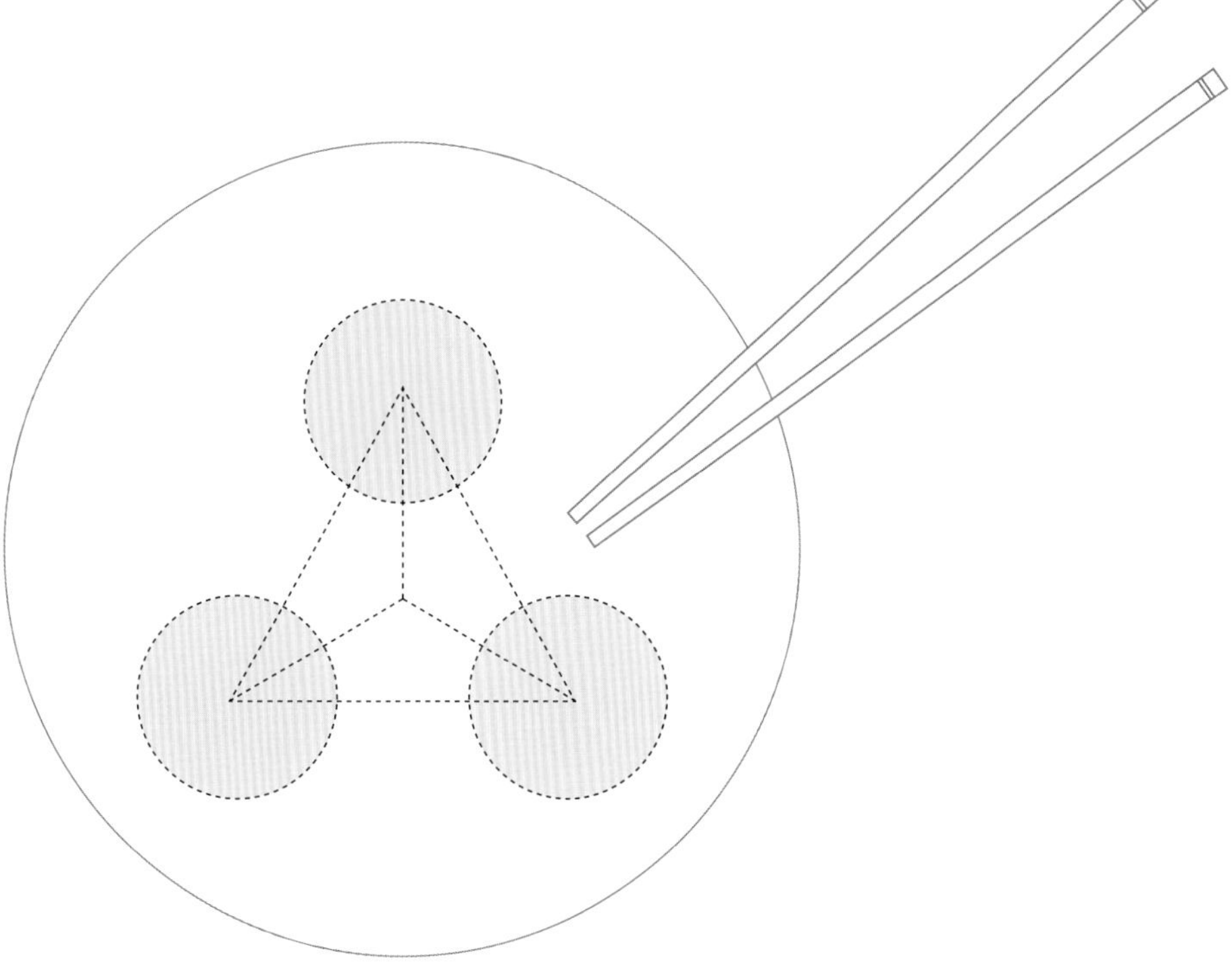

［三角形の法則］

盛り付けには、料理が崩れにくく安定のよい「三角形の法則」があります。

ある本のなかで、茶道具の取り合わせについて書かれた項目があり、その文のなかで「…三つのバランスが取れてはじめて、全体が円く収まる…」とありました。「三点のバランスを取る」はまさに料理も同じ。料理をただ横並びにするだけでは、パッケージにおかれたスーパーの惣菜やお刺身とかわりません。懐石はもちろん、ぜひご家庭やおもてなしにも活用してみてください。

盛り付けの基本

盛り付け位置の三角形

● 向付《むこうづけ》のあしらいは、△の中におさめるようにお造りに添えるとよい。横長の器であれば二等辺三角形、深さのある器は正三角形が好ましい。

立体感をだす三角形

● 盛り付けの頂点は、季節や器とのバランスを考えて決める。一般的に冬は深めの器、夏は浅い器を用いる。

● 向付や和《あ》え物などのように、つんもりと杉盛りをするものは、横からみたときに三角形になるように盛り付ける。

● 浅い器には低めに盛り付けることが多い。ただし形状や底の広さによって、盛り付けの形をかえる。

重ね盛りをするときの三角形

● 重ね盛りをする焼物、客の人数分を盛り付ける1回目の飯器のご飯は立体感があるほうがよい。盛り付けてゆくときは、最初の土台が△になるようにする。

［三角形の法則］

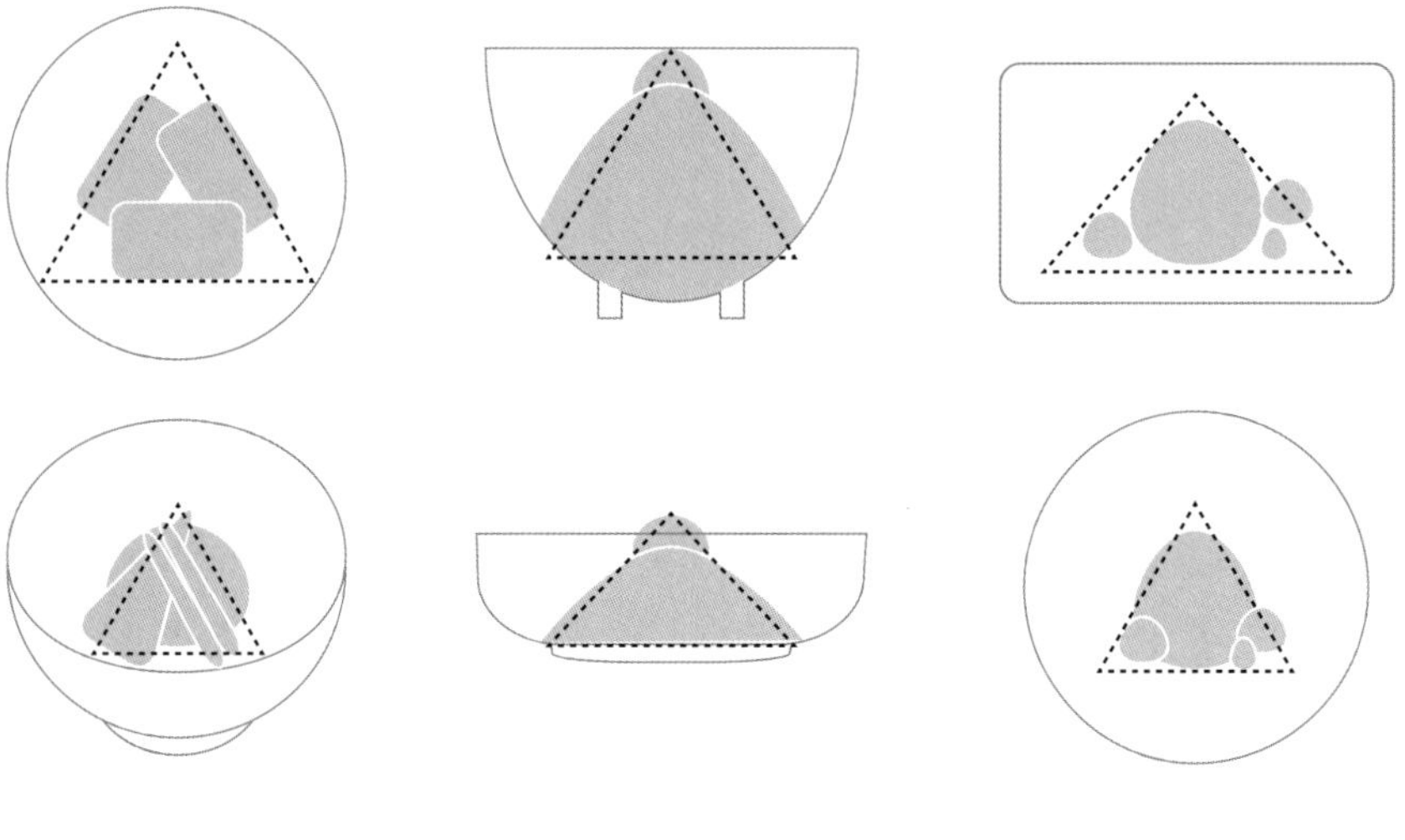

Q お造りを盛り付けると、スッキリとした形になりません。綺麗に盛り付けるコツは？

A 料理を盛り付けたときの高さ、おく位置など、立体感がでるように重ねてゆくのがコツです。横並びに盛り付けてしまうと立体感がなく、器にただおいただけの印象になってしまうのでしょう。

横並びの盛り付け

三角形の法則

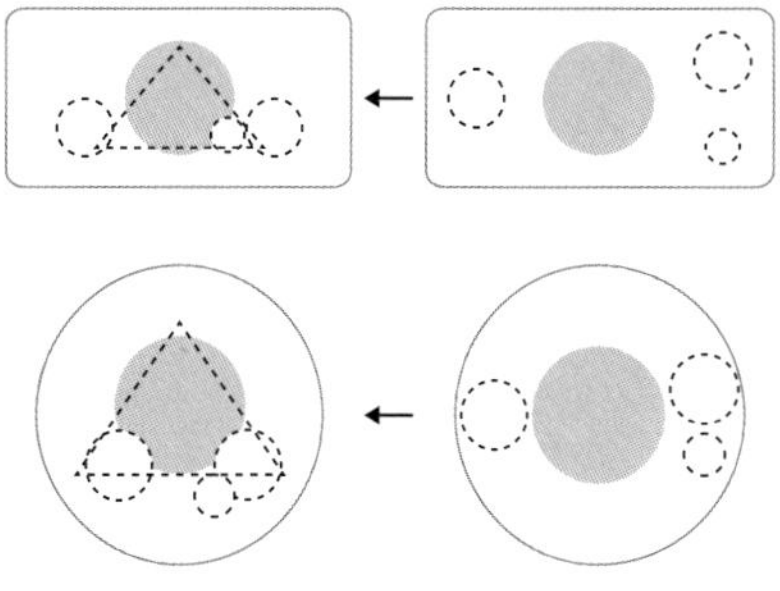

箸について

昔から「水と湯と茶巾茶筅に箸楊枝　柄杓と心新しきよし」と言われるとおり、茶事、茶会のときは常に新しい箸を準備する。

利休箸《りきゅうばし》

客の箸で両端が細く削られ（両細）、赤杉でできている。「神人共食《しんじんきょうしょく》」の意味がある。

八寸五分（約26㎝）

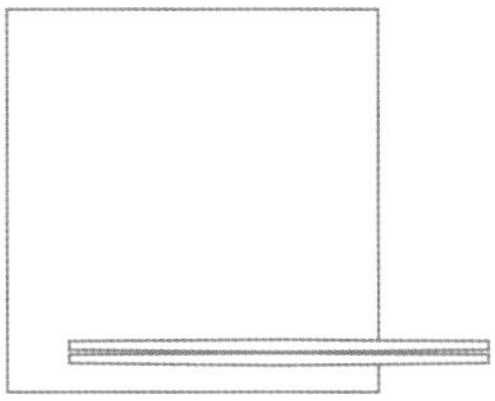

中節《なかぶし》

取り箸の一つで焼物、八寸に添える。通常は青竹で名残《なご》りの時季は白竹を添えることも。

九寸三分（約28㎝）

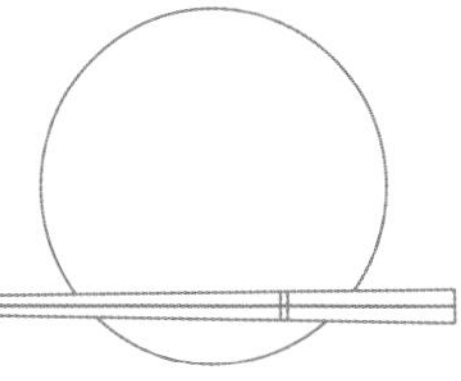

元節《もとぶし》

節を元に残した取り箸で、止節《とめぶし》ともいう。預け鉢に添える。通常は青竹で名残りの時季は白竹を添えることも。

七寸五分（約22・7㎝）

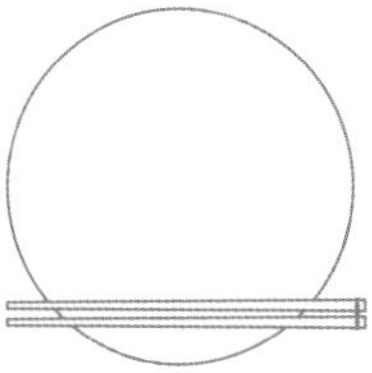

両細《りょうぼそ》

香物に添える取り箸。節がなく両端が細くなっている。通常は青竹で名残りの時季は白竹を添えることも。

八寸～八寸五分（約24～26㎝）

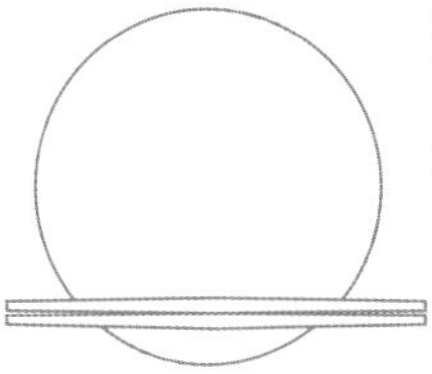

矢筈箸《やはずばし》

赤杉でできている取り箸の一つ。預け鉢のうち、強肴《しいざかな》や疵《きず》の付きやすい器を使う場合に添える。長さは器によって変える。

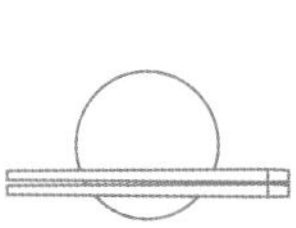

茶懐石を盛り付ける

向付

向付の料理と器の基礎知識

向付《むこうづけ》は折敷《おしき》（膳）の向こう側に付けることからの名で、料理と器の両方をさします。折敷、飯椀《めしわん》、汁椀《しるわん》が塗り物であるのたいして、趣向や季節によりさまざまな陶磁器を用いるので、華やかな印象をあたえます。またお造り（精進の場合も）の種類や切り方もさまざまあり、味わいの一つとなっていますから、茶懐石のなかでも比較的組み合わせを楽しめるのが向付といえましょう。器を選ぶときは、客は亭主がおいた位置から器を動かさないという本来の概念からすると、向付の右横に盃がおけるくらいの大きさが望ましいのですが、昔から使われているもののなかには葉型や半開扇《はんかいせん》のように横長のものがありますので、少なくとも飯椀、汁椀の邪魔にならない形や大きさを選ぶことが肝要です。

また、白身や赤身、精進など使う食材によって土や釉薬《ゆうやく》の色を考慮し、双方ともにいかせるような組み合わせを心がけてみましょう。

折敷

茶懐石の場合はいくつか決まりごとがある。折敷の場合は左側に飯椀、右側に汁椀、向こうに向付をおきこれを「三光」という。新しい利休箸は水分をたっぷりふくませ、折敷の右縁にかけておく。

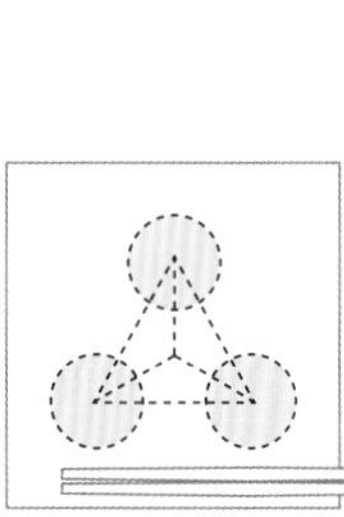
「利休箸」

13頁 箸について

あしらいについて

海・川の食材と里・山の食材

向付には山葵《わさび》以外に1、2種類のあしらいを添えますが、基本的に海（川）の物と里（山）の物を添えます。食材と器との色合いのバランスなどで、山の物と山の物を組み合わせるといったように、組み合せがかわることもあります。また山葵は、加減酢を添え入れたときに流れださないよう、お造りまたはあしらいを台にして添えます。

例 基本／海の物と山の物

❶ 鯛平造り　❷ 花穂紫蘇　❸ 浅草海苔　❹ 山葵

［三角形の法則］

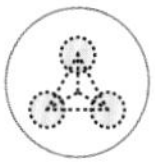

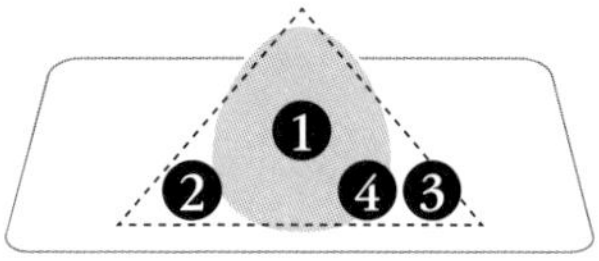

例 山の物二種

❶ 鯛湯引き　❷ むらめ　❸ 独活　❹ 山葵

［三角形の法則］

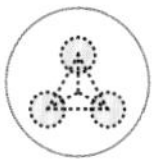

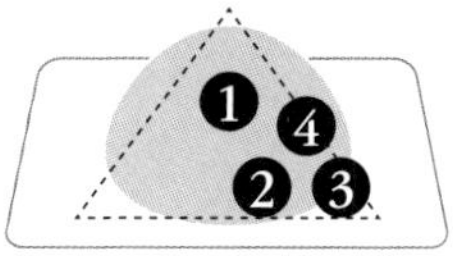

例 鱧の湯引き　あしらいの組み合わせで趣がかわる

海の物と山の物

山葵
［海］とさかのり
［山］莫大

山の物二種

山葵
［山］莫大
［山］むらめ

山の物二種

山葵
［山］莫大
［山］花穂紫蘇

あしらいの下ごしらえの基礎知識

山葵《わさび》

山葵おろしに、円を描くようにおろす。

葉付きの山葵は、葉を落として表面のよごれを取りのぞき、葉のはえていたほうから、力を入れず円を描くようにおろします。先端の細く、黒くなった部分ははぶいてもかまいません。おろすときは、サメ皮の山葵おろしがよいとされていますが、ご家庭では通常のおろし金を用いても結構です。使う分だけおろして、おろし山葵はラップをかぶせて空気にふれないようにしておきましょう。

花穂紫蘇《はなほしそ》

花穂紫蘇は穂先の葉までみずみずしく、花がたくさん付き、ピンッとしているものを選ぶこと。

莫大《ばくだい》

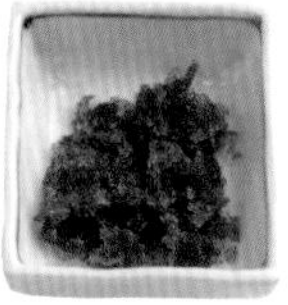

柏樹の小さな実を乾燥させたもの。水で戻すと莫大に増えることからこの名があり、「莫大海《ばくだいかい》」とも呼ばれている。皮など余分なものを取りのぞき水気を切ってから添える。

岩茸《いわたけ》

水でもどして石づきなどを取りのぞき、お湯でサッと茹で、まとめやすい大きさに切る。

なめこ

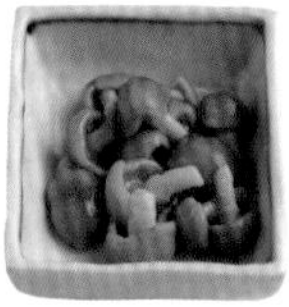

茹でて水気を切る。

むらめ

赤紫蘇の若い芽。添えるときは、水にぬらすとまとまりやすい。

独活《うど》

短冊型や拍子木に形を切りととのえる。

防風《ぼうふう》

浜辺の砂地に自生する、セリ科の多年草。葉をあしらいとして添える。

菊花《きっか》

食用菊で山形県が名産。滋賀県の坂本菊が佳品。花弁をサッと茹でて、水気を切ってまとめる。

茗荷《みょうが》

茗荷は縦半分に切って、せん切りにする。

紫蘇《しそ》

適当な長さに切って、せん切りにして水にさらす。水気を切って添える。

白酢《しらず》

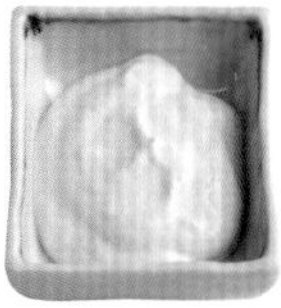

よく茹でて水切りをした豆腐をすり鉢でする。酢、すり胡麻、出汁、砂糖、塩、薄口醤油などの調味料を加えてさらにすり、こしたもの。

柚子《ゆず》

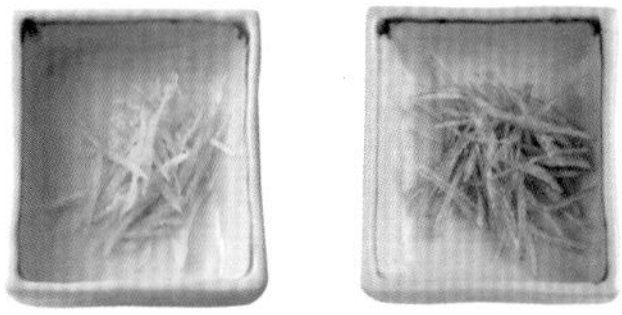

柚子の皮をへぎ、せん切りにする。夏の時季は緑色をしている。炉開きからは、黄色の柚子を用いる。

胡瓜《きゅうり》

細い胡瓜を薄切りにする。

三度豆《さんどまめ》

湯でサッと湯がき、器、お造りに合わせて切る。

鶏冠海苔《とさかのり》

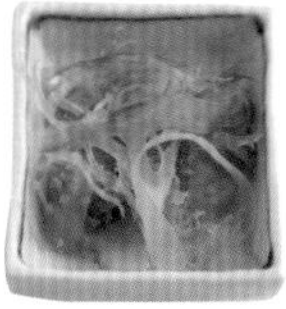

鶏の鶏冠《とさか》に似ていることからこの名がある。水に浸して塩気をぬき、器、お造りに合う大きさに切ってまとめる。

浅草海苔《あさくさのり》

短冊型に切ってそのまま添える場合と、少し湿らせまとめる場合がある。

生姜《しょうが》

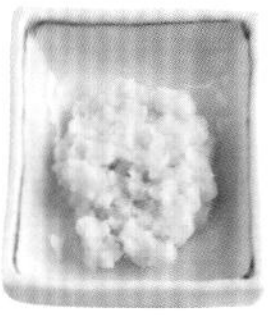

皮をむいて細かくおろす。

木の芽《きのめ》

山椒の新芽。包丁でたたくように細かくして、白身魚の細造りなどに和える。

生水前寺海苔《なますいぜんじのり》

九州の一部で生息する淡水の藻。熊本県の水前寺の池でたくさん自生することからこの名がある。

水前寺海苔《すいぜんじのり》

生の水前寺海苔を板状にして、乾燥させたもの。水でもどして短冊型や末広型に切る。

お造りの基本的な切り方

お造り（精進の場合は大徳寺麩など）は、身の特徴によって切り方をかえます。15頁でふれたように、盛り付け方を念頭におきながら切ってゆくようにしましょう。

鯛《たい》、平目など身がしまった魚

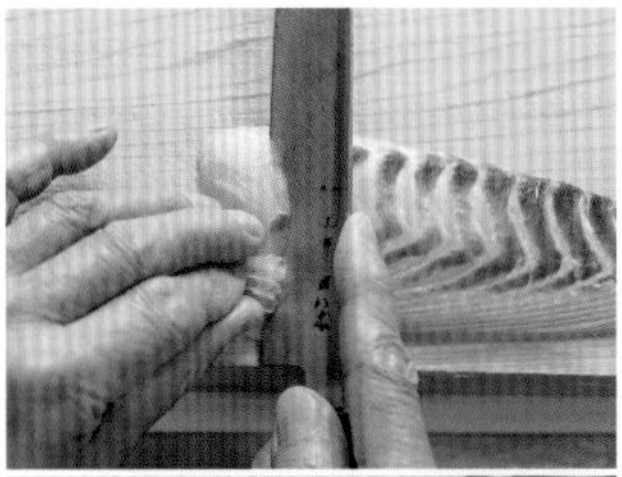

平造り

そぎ切りは魚の尾部を右におき、包丁を斜めにして、包丁の手もとから刃先まで引くように、身の左側から薄く切ってゆく。

上・身の左側から包丁の手もとから入れる
下・スーッと刃先まで引く

細造り

細造りは身の右側から、包丁の手もとから刃先まで引くように、まっすぐおろして薄く細く切ってゆく。

上・身の右側から包丁の角を入れる
下・まっすぐおろす

隠し包丁

「隠し包丁」とは、歯ざわりをととのえ、食べやすくするための工夫です。「隠す」という意味ではないのですが、左記のような切り方を「隠し包丁」と言います。

〆《しめ》鯖《さば》

魚の尾部を右におき、薄皮を取りのぞいたあと、尾部を左におきかえ、皮に一筋隠し包丁を入れながら切る。鯖は身がやわらかいので、鮪と同様右側から切る。

上・薄皮を取りのぞく
下・隠し包丁を入れながら切る

鮪《まぐろ》、鰹《かつお》など身がやわらかめの魚

鮪の角切や平造り、鰹などは身の右側（尾側）から、包丁の手もとから刃先まで引くようにまっすぐおろして、ある程度の厚さに切ってゆく。

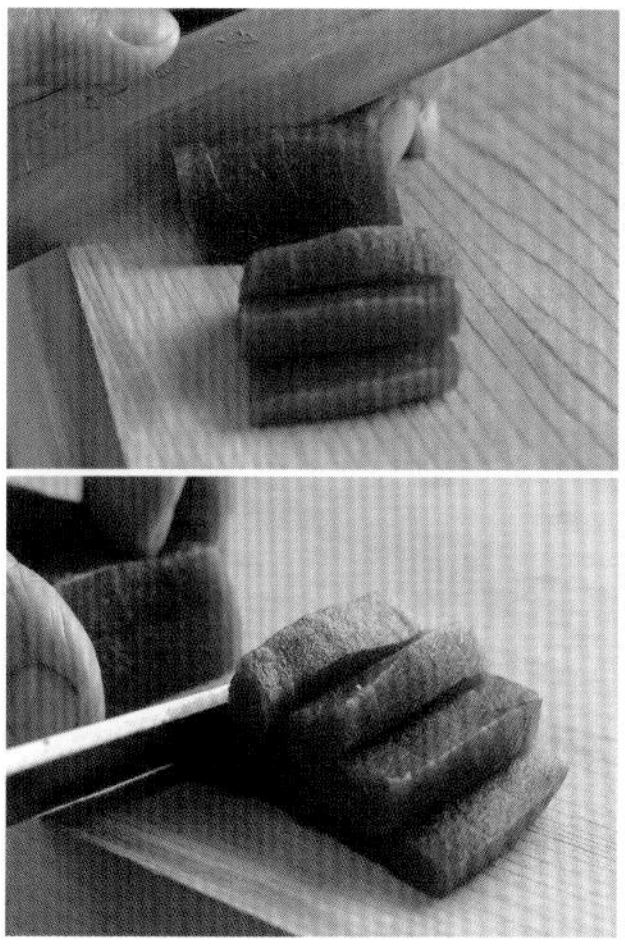

鮪　角造り

上・包丁の手もとから刃先まで引くようにまっすぐおろす
下・ある程度の厚さに切る

鮪　五六切り

サイコロ状になるように均等に切り分ける。

鰹

烏賊《いか》

烏賊は薄皮を取りのぞく。隠し包丁は、烏賊を裏返してななめ格子（鹿《か》の子《こ》状）に、表に返してひれのほうから頭に向かって縦に入れる。隠し包丁を2、3本入れながら食べやすい大きさに切る。

上・ななめ格子に隠し包丁を入れる
下・隠し包丁を入れながら切る

大徳寺揚麩《だいとくじあげふ》

大徳寺麩は、歯ごたえがあるので薄く切ってゆく。

盛り付け例一覧

お造りの切り方や器の形で、盛り付け方がかわります。本書で紹介する、向付の盛り付け例の一覧です。

加減酢

茶懐石の場合は、お造りをつけ醤油でいただくことはありません。そのかわり柑橘類を混ぜた加減酢を、器の底におくようにそそぎ入れます。

1

鯛《たい》
細造り
22頁

2

鯛
平造り
26頁

3

鯛
湯引き
30頁

4

平目
細造り
32頁

5

平目《ひらめ》
平造り
33頁

6

鮪《まぐろ》
五六切り
34頁

7
鮪
角造り
36頁

8
鰹《かつお》
38頁

9
〆《しめ》鯖《さば》
39頁

10
鱸《すずき》洗い
40頁

細造り

平造り

11
カマス
松皮造り
41頁

12
烏《い》賊《か》
42頁

13
鳥《とり》貝《がい》
44頁

14
大《だい》徳《とく》寺《じ》揚《あげ》麩《ふ》
46頁

向付

1

鯛 細造り

使うあしらい

山葵

浅草海苔

むらめ

18頁 細造り参照

鯛の細造りを
浅い器に盛り付ける

1
鯛の身の皮はだには赤い紋まじりがあり、脂がのっている。骨に近いほうは比較的やわらかい。それを踏まえて、盛り付けるときに片寄らないよう、まぜたあと箸で適量持ち上げて器に盛る。

2
右側の箸先が、器の中央になるように箸を立てて真上に抜く。

3
杉盛になるように身を3、4本足し、形をととのえる。一番上にのせる身の1本を正面におき、端が器に付くように盛り付ける。

［三角形の法則］

円錐に盛る

- 美しく円を描くように盛る
- 赤紋の1本を一番上に、身の端が器に付くように正面におく。赤紋を上にすることで形がととのえやすい

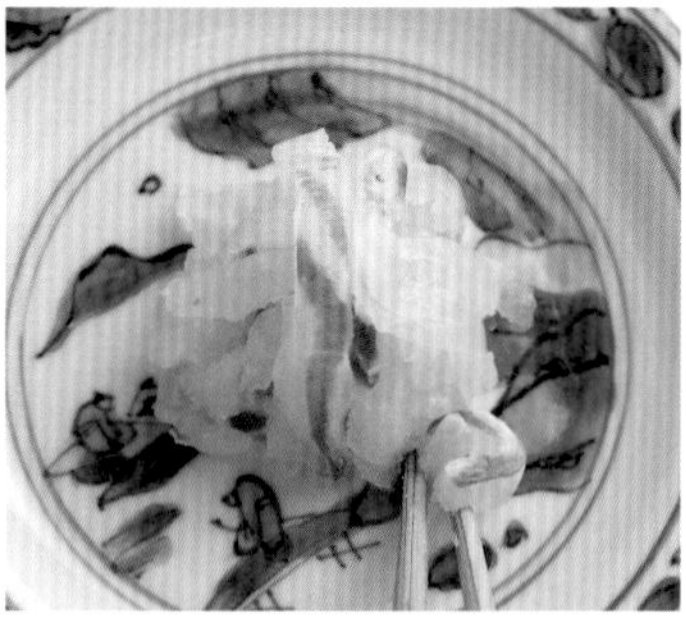

4
あしらいを添える位置を頭の中で描きながら、山葵を添える台を、下のほうの身を丸めてつくる。

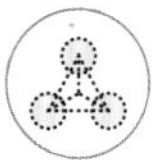

［三角形の法則］
あしらいを三角形に添える

5
左側にむらめ、右側に浅草海苔を添える。

6
山葵を台の上に添える。客におだしする直前に、加減酢を器にそそぎ入れる。

20頁 加減酢参照

鯛の細造りを
深い器に盛り付ける

1 23頁と同じ要領で、器に盛り付ける。お造りの頂点は、季節や器とのバランスを考えて決める。

2 山葵を添える台をつくり、あしらいを添える。浅い器よりも底がせまいので、中央に寄せてバランスよく添える。

［三角形の法則］

三角の頂点

● 頂点は季節や器とのバランスを考えて決める

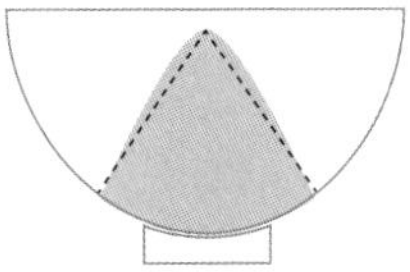

あしらいを三角形の内側に添える

● 底がせまいので手前を少しあけて盛り付ける

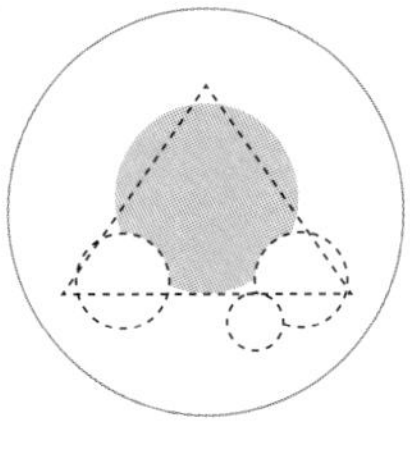

向付

2

鯛 平造り

使うあしらい

山葵

花穂紫蘇

浅草海苔

18頁 平造り参照

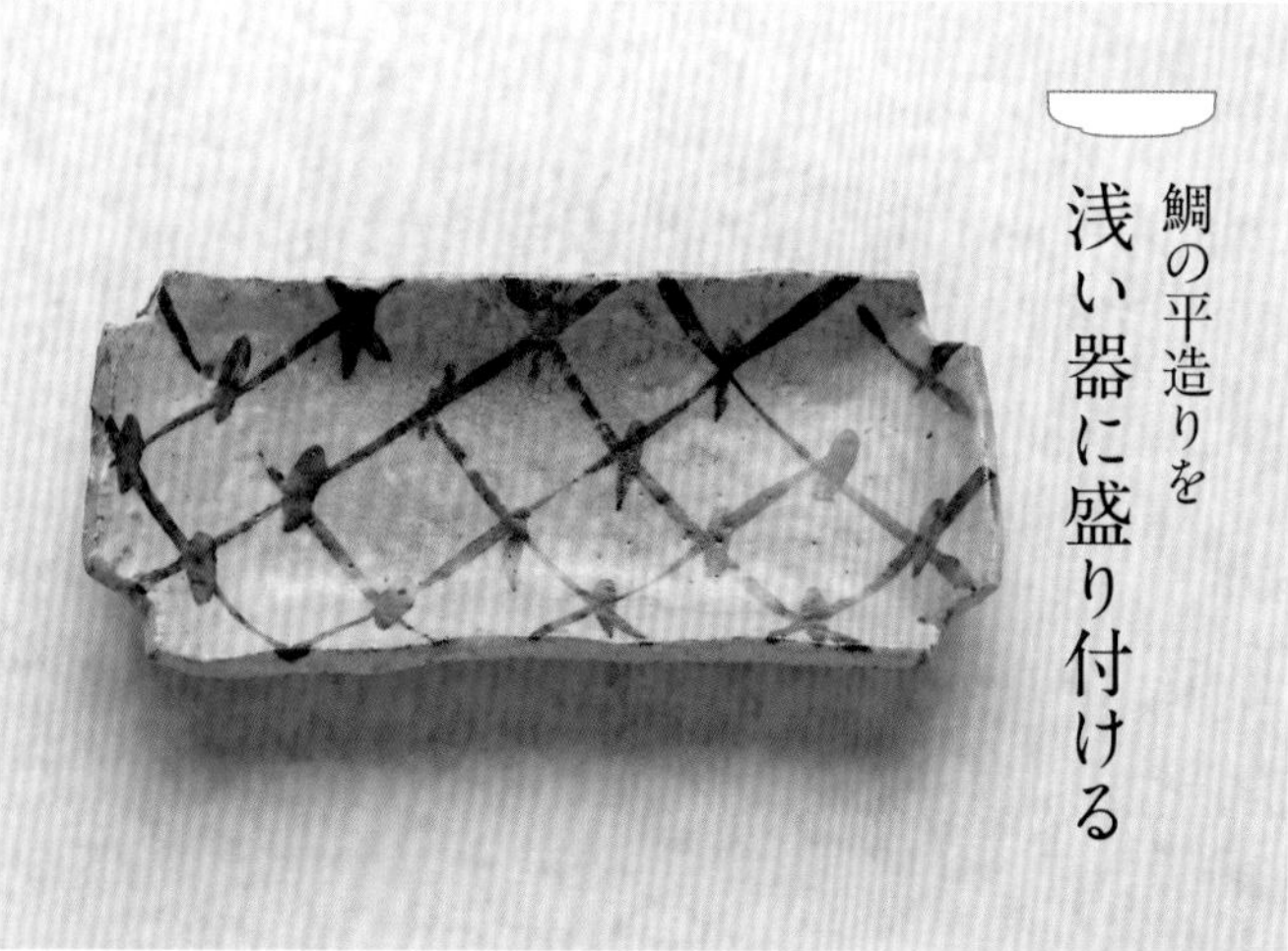

鯛の平造りを
浅い器に盛り付ける

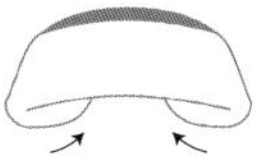

1
鯛や平目を平造りにした場合は、盛り付ける前に身の両端を内側に曲げる。

2
赤い紋が上辺になるように重ねて、1枚目と2枚目の重ね目が器の中央に、器の左右のあきが均等になるように盛り付ける。

2枚重ねる

3枚目を重ねる

3
3枚目は赤い紋が下になるように、手前に重ねて盛る。上に重ね盛りにしたときに美しい。

4
交互に2枚を重ねて都合5枚盛る。

4枚目を重ねる

5枚目を重ねる

完成

- 盛り付ける枚数は、器の大きさによって加減する
- 細長い器はコンパクトに、なおかつ立体感がでるように
- 2枚目の身を深く重ねる❶。重ねたところを中央にして、器の左右のあきを均等に❷
- 土台となる2枚は赤い紋が上に❸、3枚目は赤い紋が下になるように❹

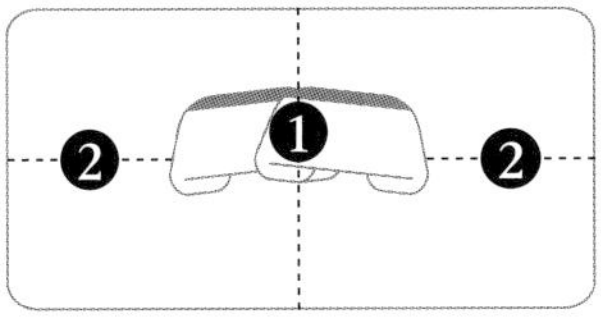

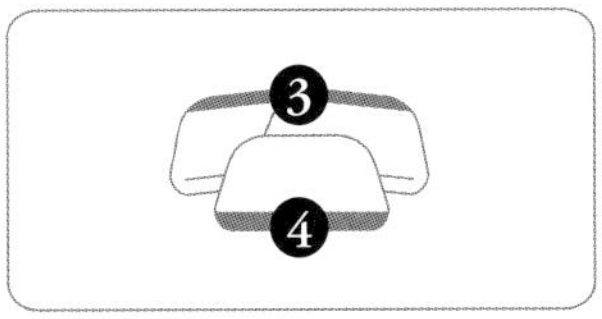

- 3枚目の身の赤い紋が隠れないように重ねる

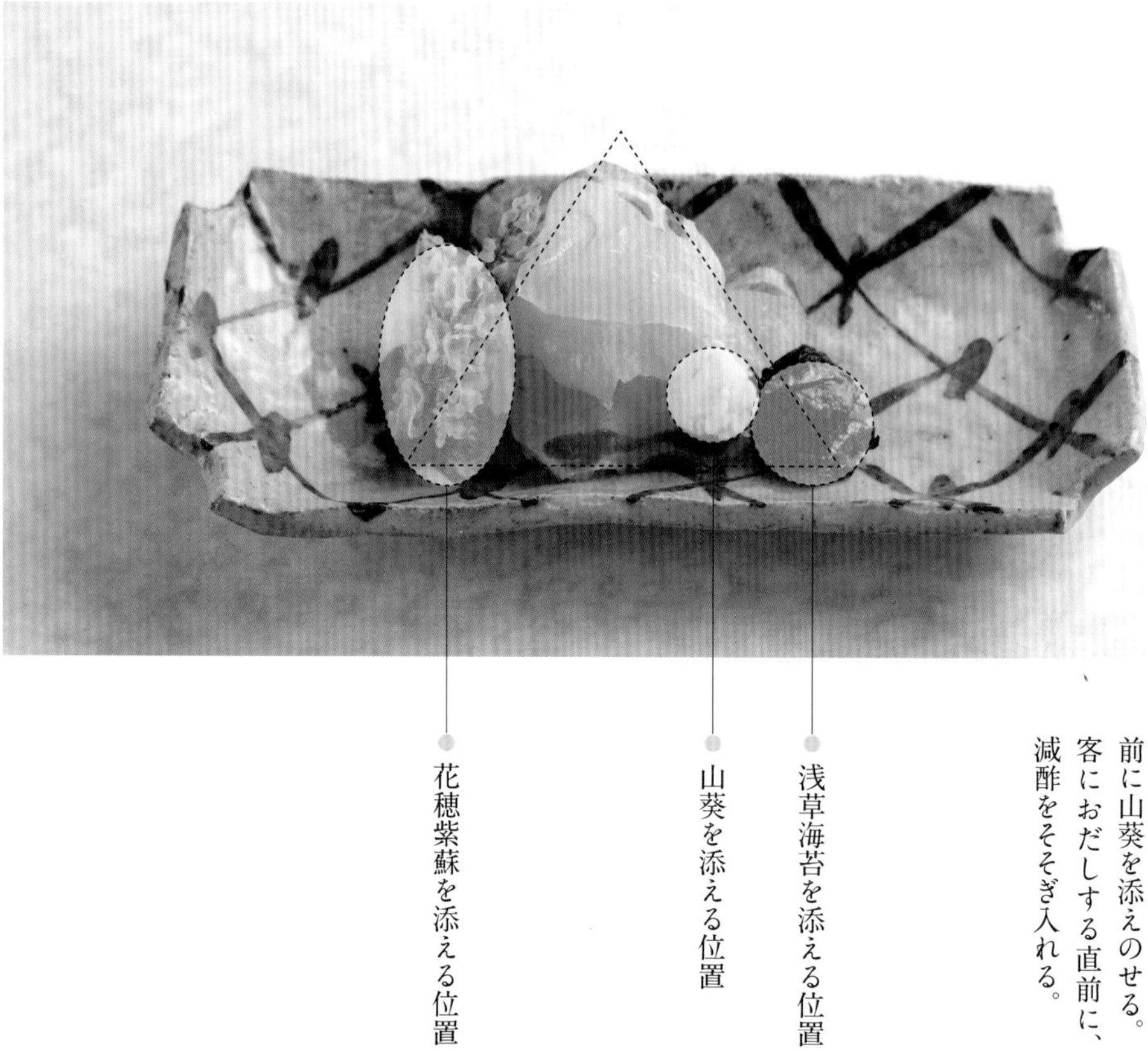

4
あしらいは左側に花穂紫蘇、右側に浅草海苔、身の右手前に山葵を添えのせる。客におだしする直前に、加減酢をそそぎ入れる。

［三角形の法則］
料理と器のバランス

- 細長い器は盛り付けたお造りの横にあしらいを添えるとバランスがよい
- 器の空間を残しながら満たす盛り付けに仕上げる

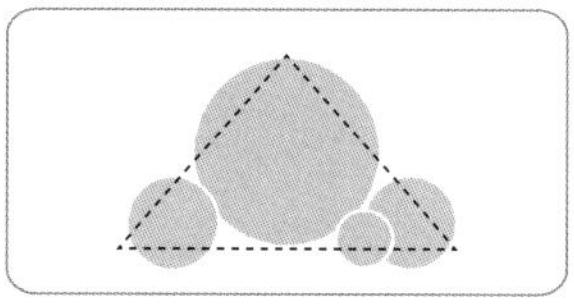

鯛の平造りを

深い器に盛り付ける

2枚重ねる

3枚目を重ねる

交互に2枚重ねる

完成

1 浅い器と同じように土台を盛り付ける。器の大きさとのバランスから、2枚目を浅く重ねて横に広がるように盛り付ける。

2 手前を少しあけて、3枚目を手前に重ねて盛る。赤い紋を2枚は上に、3枚目は下にする。

3 交互に2枚重ねて盛る。

4 身の右手前に山葵を添えのせる。

［三角形の法則］
料理と器のバランス

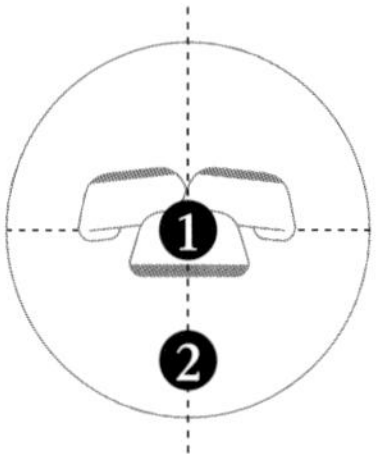

- バランスを取るために2枚目の身を浅く重ねる❶。重ねたところが中央に
- 底がせまいので手前を少しあける❷

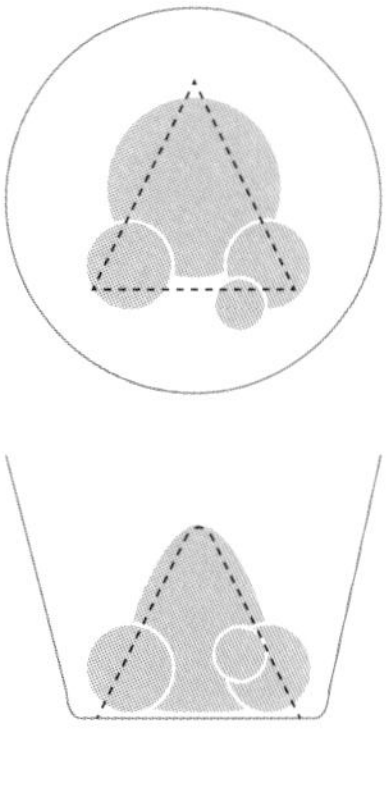

- 深く底が浅い器は、あしらいを中央寄りに添えるとバランスがよい

向付 3 鯛 湯引き

鯛の湯引きは、さばいた半身の皮に切り目を入れて、熱湯をかける調理方法です。より華やかな趣になり、お祝いの席などの献立に合います。

鯛に熱湯をかける。

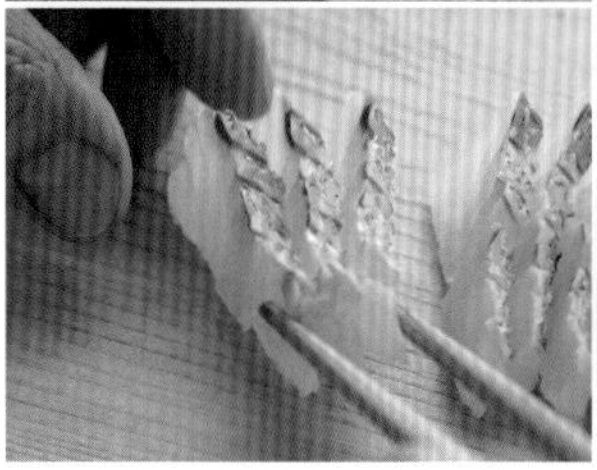

皮はだの美しさをいかすため、身の右側から少し厚めに切る。器に盛るときは、皮はだをみせるように2、3枚重ねたまま箸で持つ。

使うあしらい

山葵

独活

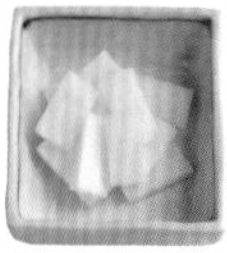

むらめ

浅い器に盛り付ける

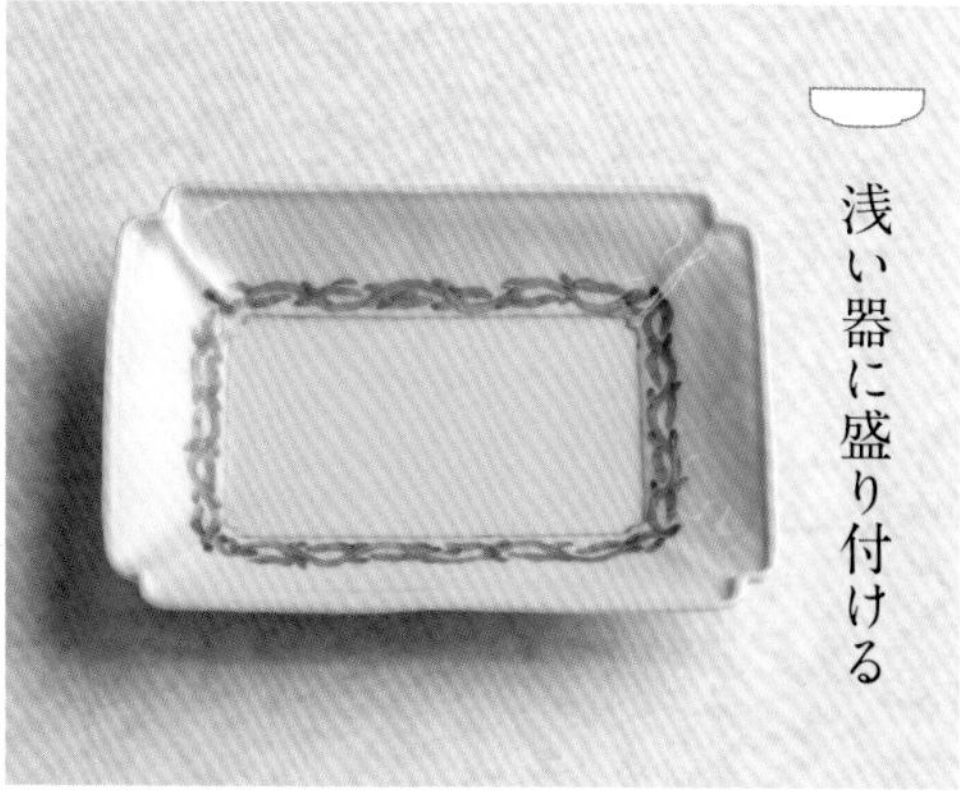

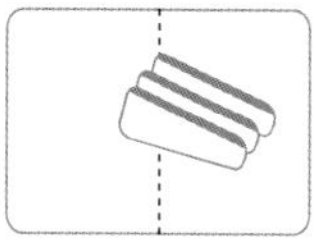

1 土台になる部分は、身の三角形の頂点が器の中央になるよう、ななめに盛り付けると立体感がでる。

2 2枚を重ねて持ち、手前に盛る。写真の器のような意匠がある場合は、全体の盛り付けを枠内におさめる独活、むらめを添える。身で山葵の台をつくれないので、独活の上に添える。

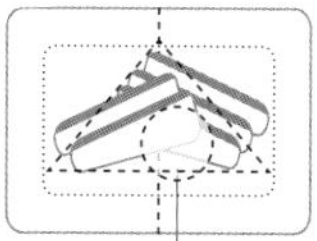

あしらいは三角形の内側に添える

深い器に盛り付ける

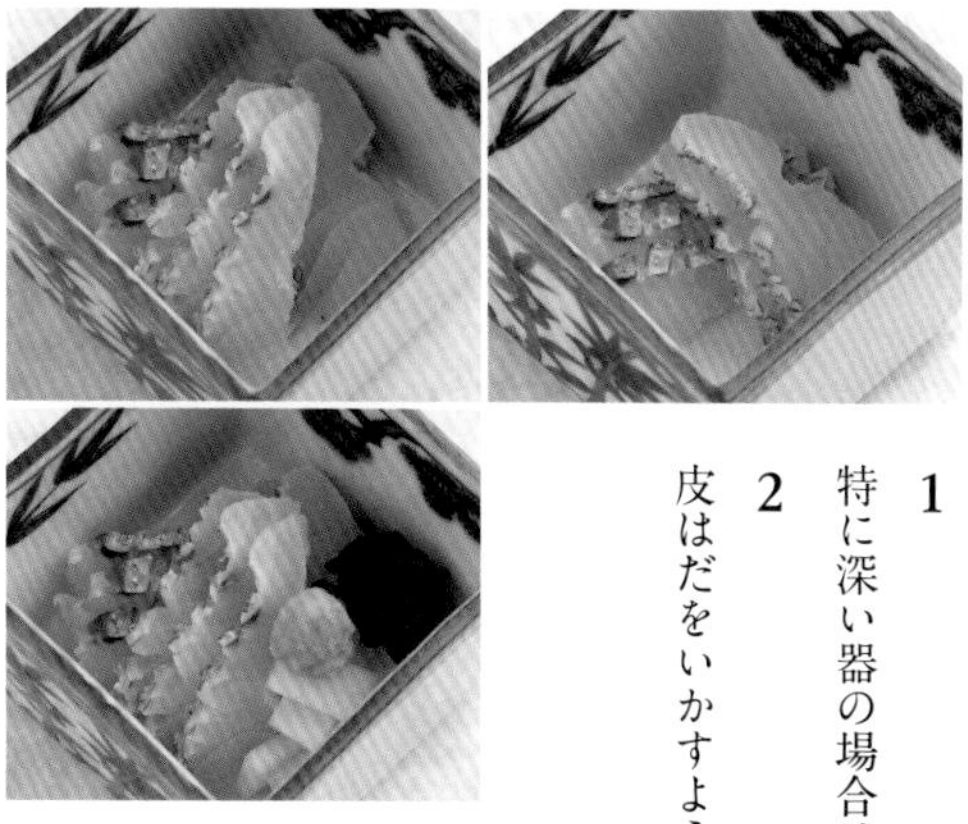

1 特に深い器の場合は、高さがでるように盛り付ける。

2 皮はだをいかすように重ね盛り、あしらいを添える。

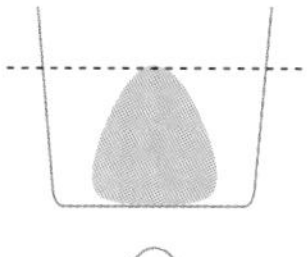

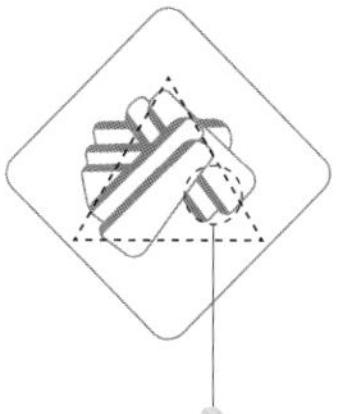

あしらいは高い所に添える

向付 4 平目 細造り

使うあしらい

山葵

防風

岩茸

鯛細造り参照 22頁

浅い器に盛り付ける

1 鯛の細造りを盛り付ける要領と同じように箸で適量取り、右側の箸先が器の中央になるように箸を立てて真上に抜く。

2 3、4本足して杉盛になるように形をととのえる。左側に防風、右側に岩茸を添える。器は大きいが全体が円みをおび底がせまいので、山葵は岩茸の上に添える。

深い器に盛り付ける

1 箸で適量取って器に盛り、箸を立てて真上に抜く。

2 3、4本足して杉盛になるように形をととのえる。左側に防風、右側に岩茸、底がせまいので山葵は岩茸の上に添える。高さは釉《くすり》がわりの線からはみでないほうがよい。

向付 5 平目 平造り

使うあしらい

山葵

菊花

水前寺海苔

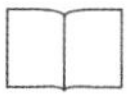
鯛平造り 26頁 参照

浅い器に盛り付ける

1 鯛の平造りを盛り付ける要領と同じように、身の両端を内側に曲げながら重ね盛る。底は広いが全体の盛り付けが菊の絵をいかすように盛り付ける。

2 交互に重ねて盛る。右側に菊花、左側に水前寺海苔、山葵は手前の身の上に添える。三角形の内側になるようにおく。

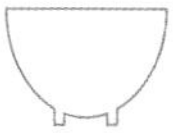

深い器に盛り付ける

1 底がせまく高さがある器は、高さがでるように重ね盛る。

2 手前に空間がないためあしらいは左右に盛りわける。

向付 6

鮪 五六切り 山芋かけ

鮪は身がやわらかい魚ですから、崩れにくい大きさ、厚さに切り、あまり手をかけずに盛り付けます。山芋をかけますので、浅い器よりも深さがある器のほうがふさわしいでしょう。

山芋のように粘り気があるものには、なめこのように粘り気があるもののほうが相性がよいでしょう。

使うあしらい

山葵

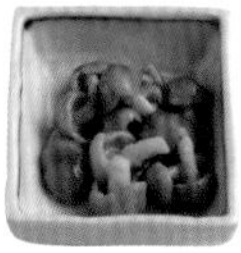

なめこ

山芋

- 山芋かけにする場合は、山芋をかける部分❶に場所をつくりつつ、五六切りをなだらかに盛り付ける
- 山芋は箸を使って、くるくると巻きながらまとめる

19頁 鮪 五六切り参照

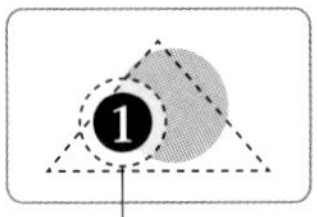

山芋をかける位置

山芋をかける場所をつくる

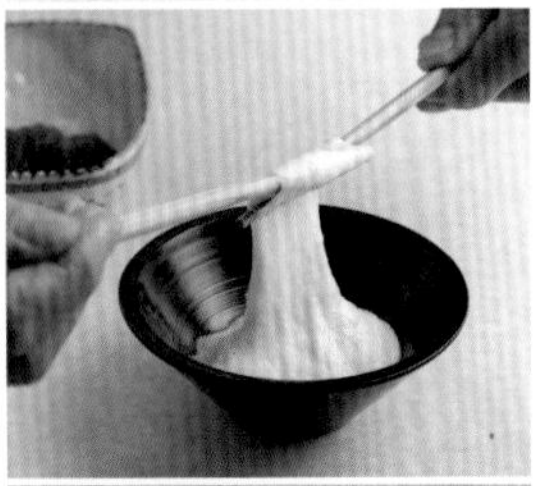

山芋を箸で巻く

山芋をかける

深い器に盛り付ける

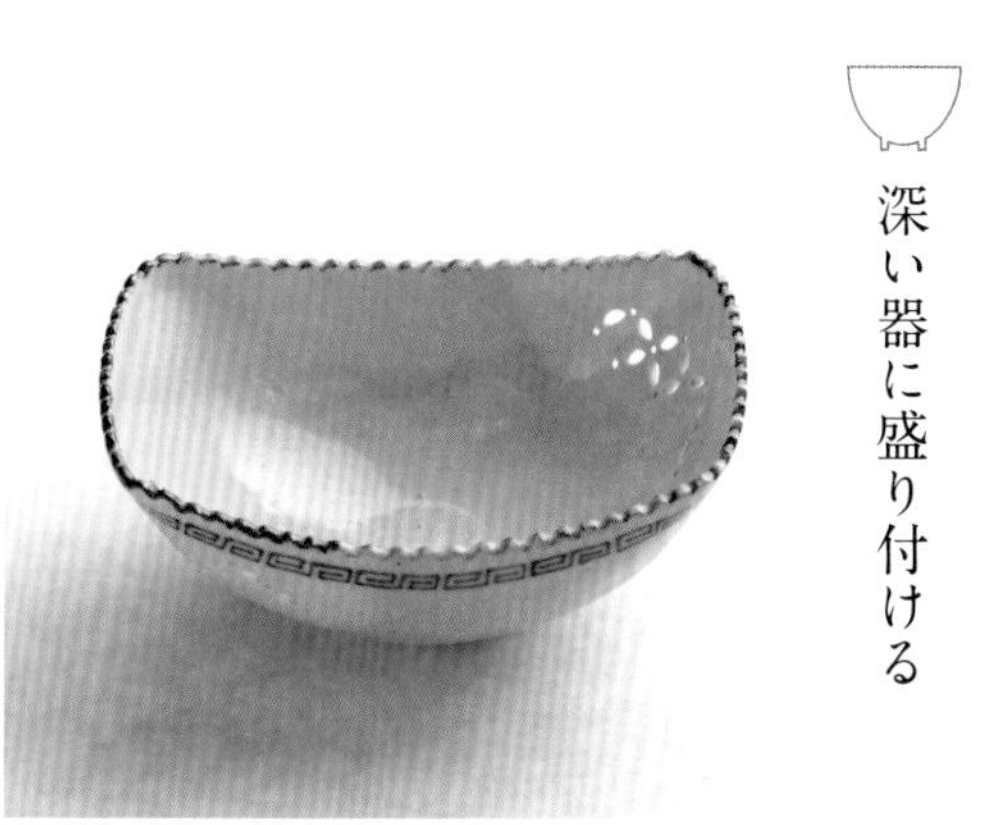

1 五六切りにした鮪を、山芋をかける場所をつくりつつ、盛り付ける。

2 山芋は箸を使って、場所をうめるように中央上からかけ、なめこ、山葵を添える。

底が広い器に盛り付ける

1 右と同じ要領で盛り付けてゆく。盛り付け方は基本的に同じだが、底が広い器の場合は低めに盛り付ける。

2 山芋を上からかけ、あしらいを添える。

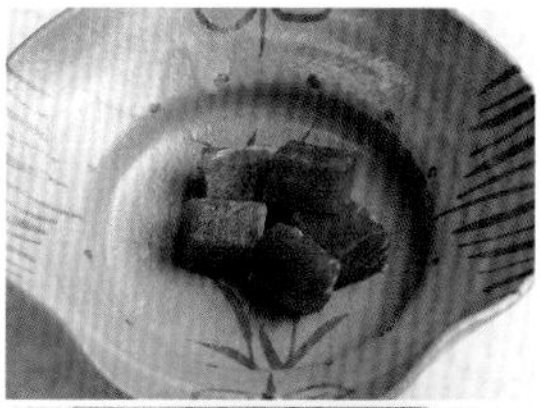

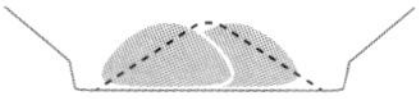

● なめこに合わせて山葵は丸味がある形につくるほうがバランスがよい

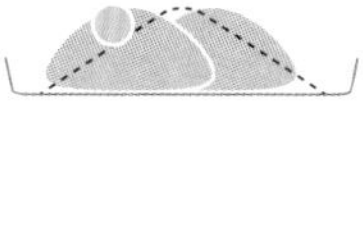

向付 7

鮪 角造り

鮪の角造りは、浅い器の場合と深い器の場合で盛り付けを考慮して切り身の形をかえました。

使うあしらい

山葵

岩茸

19頁 鮪角造り参照

- 浅い器の場合は底の広さをいかして長細く切り、なおかつ盛り付けたときにほどよく高さがでるようにする
- さくはやや薄く

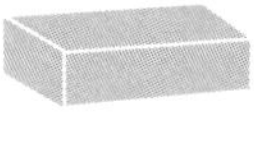

- 深さがある器で底がせまい場合は、幅広に少し短めに切ると盛り付けやすい
- さくはやや厚く

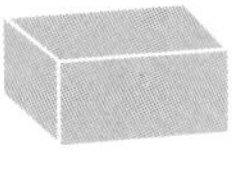

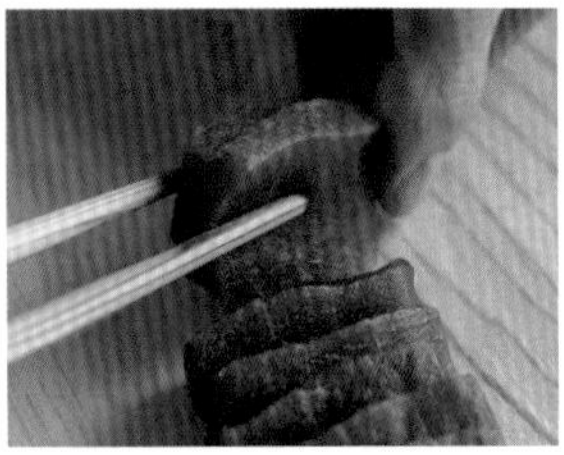

- 切った状態のまま二切れずつ取って、器に盛り付ける

浅い器に盛り付ける

1 切った状態で二切れずつ3回、左側にあしらいを添えられるように盛り付ける。上に重ねる身は少し寝かせると、あまり高さがでず安定がよい。

2 岩茸を添えて、山葵は岩茸の上に添える。

深い器に盛り付ける

1 切った状態で二切れ盛り、その手前はタテに盛って、高さをだす。一番手前は横に盛ることで動きがでる。この場合は右側にあしらいを添えるほうがバランスがよい。

2 岩茸を添えて、山葵は岩茸の上に添える。

向付 8 鰹

使うあしらい

浅草海苔

茗荷

19頁　鰹参照

● 鰹は鮪と同じく身がやわらかい魚なので、切った状態から2、3枚重ねて盛り付ける

鰹はやや厚く切ったほうが美味しくいただけます。

深い器に盛り付ける

1 手前が少しあくように、2枚重ねて盛る。

2 3枚重ねて重ね盛る。深い器の場合は、3枚を上に重ねても重くならない。手前に浅草海苔、茗荷を中央によせて添える。

浅い器に盛り付ける

1 3枚重ねて、皮はだが上になるように盛る。

2 2枚重ねて皮はだを右にして、重ねて盛る。趣をかえてあしらいを添える位置をかえた。

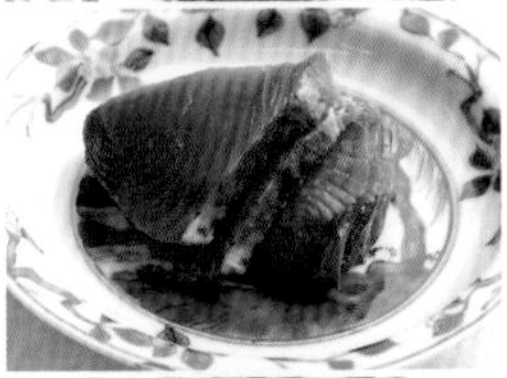

向付 9 〆鯖

鯖は身がやわらかい魚ですから、手をかけずに盛り付けてゆきます。あしらいには生姜と紫蘇もよく合います。また〆鯖の切り方から、深い器のほうが力強く盛り付けられます。

18頁 〆鯖参照

使うあしらい

生姜

紫蘇

使う器

1
身がやわらかいので、切った状態で重ねて、手際よく盛り付ける。

2
下の〆鯖の上に生姜、紫蘇を添える。

向付 10 鱸洗い

「洗い」は造りを冷水で洗って脂を取りさっぱりとさせるため、夏の向付として用います。鮮度が命ですから、美しさよりも盛り付ける速さが大切になります。

使うあしらい

山葵

生水前寺海苔

花穂紫蘇

使う器

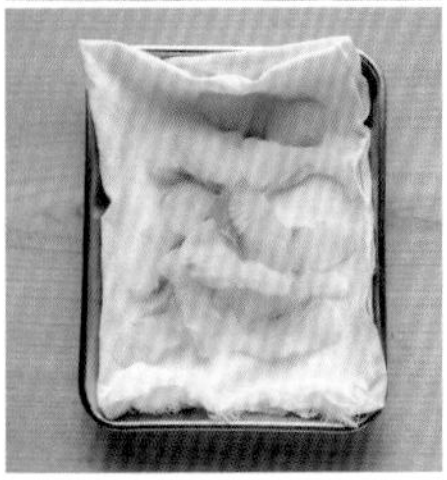

●鱸洗いは鮮度がいのち。造りにして洗いをしたあと布巾にとって水気を切り、手早く盛り付ける

細造り

18頁 細造り参照

1 手早く盛り付けてゆく。

2 最後に身を足して少しととのえる程度に。

3 あしらいを添える。

平造り

18頁 平造り参照

1 手早く盛り付けてゆく。

2 最後に身を足して少しととのえる程度に。

3 あしらいを添える。

向付

11

カマス松皮造り

カマスは皮はだを火で炙《あぶ》ったあと、食べやすい大きさに切ります。全体にザクッとした感じですから、気取らない雰囲気で盛り付けてゆきますが、焼き目が綺麗なものを一番上に重ねます。

使う器

使うあしらい

山葵

水前寺海苔

茗荷

1 カマスは切った状態から二切れずつ箸で持って、動きがでるように盛り付けてゆく。

2 手前を少しあけて重ね盛る。焼き目が綺麗なものは一番上に重ねる。

3 水前寺海苔、茗荷を添える。山葵は水前寺海苔の上に添える。

向付

12

烏賊

烏賊や貝などは、形をいかして盛り付けます。切るときには一口で食べられる大きさ、厚さ、なおかつ器の形状に合わせて盛り付けやすい大きさに切ります。

使うあしらい

山葵

花穂紫蘇

浅草海苔

18頁 烏賊参照

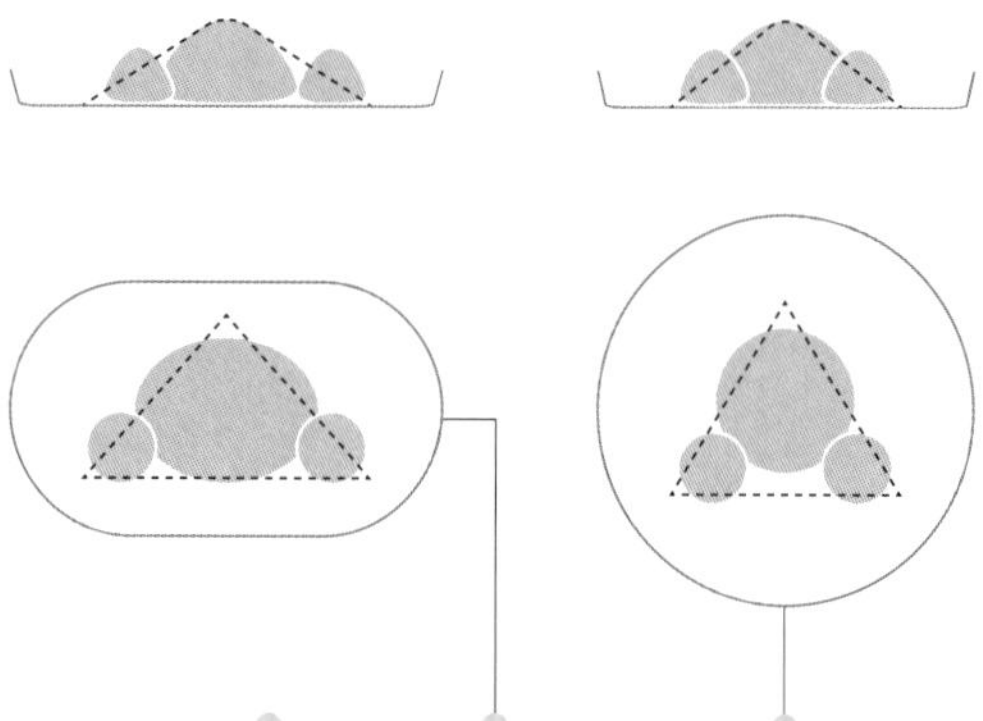

基本的に浅い器には低めに盛り付けるが、形状や底の広さによって、盛り付けの形をかえる

丸く底が広い器の盛り付けは、ほかの向付と同様に手前をあける。この場合は、気取らずに盛り付るとよい

横長で小ぶりの器は、低く盛り付け、内枠からはみでないように気を付ける

あしらいも、内枠からはみでないようにするためには、深く重ね盛るので高さがでてしまう。枚数を減らすなどして盛り付けてもよい

使う器／丸く底が広い

1 一口大に切った烏賊二切れを器の奥から、中央に向かって盛り付ける。八つ橋のように少しずらすと動きがでる。不安定にならないように気を付けながら、重ねて盛り付けてゆく。

2 左側に花穂紫蘇、右側に浅草海苔を添える。山葵は浅草海苔の上に添える。

使う器／横長で小ぶり

1 内側の枠からはみでないようにしつつ、窮屈さを感じさせないように盛り付けてゆく。この器の場合、最初の二切れを揃えるほうがすっきりみえて野暮ったくない。

2 前に重ね盛ってゆく。あしらいは鯛の平造りと同じように(26頁参照)、左右に離して添える。

向付 13 鳥貝

向付の器には陶磁器を用いることが多いのですが、食材やおもてなしによって塗りの器を使うこともあります。赤色の要素が強い鳥貝に朱の器は合わないと思われがちですが、あしらいに独活《うど》のような白い食材を合わせることで引き立ちます。

また、鳥貝は薄いので懐石で使う利休箸では取りづらいこともあります。あしらいを先に盛り付けて、その上に鳥貝を重ね盛ることで、取りやすくなる利点があります。

使うあしらい

独活

胡瓜

生姜

●鳥貝は白い部分と先を切りわける

●ほかの漆器の盛り付け例。吉野絵

使う器

●あしらいの独活を先に盛り付けて、鳥貝を重ね盛る台にする。口がせまく高さがある器も箸を入れにくいので、同様に盛る

1 独活を器の奥に、低めの杉盛りになるように盛る。

2 鳥貝の白い部分から順に重ね盛る。

3 一番上は鳥貝の先が上を向くように盛り付ける。

4 左側に胡瓜、独活の上に生姜を添える。

使う器

●器の底がみえないくらいせまい場合は、あしらいの独活を中央に寄せて添える

1 独活を器の奥に、高めの杉盛りになるように盛る。

2 鳥貝の白い部分から順に盛り付ける。

3 一番上は鳥貝の先が上を向くように盛り付ける。

4 あしらいは中央に寄せて添える。

向付

14

大徳寺揚麩

大徳寺揚麩は色の濃い茶色なので、爽やかで綺麗な色のあしらいを添えます。大徳寺揚麩には、たいてい豆腐を漉してつくる白酢を合わせますが、双方ともに汁気があるので盛りなおしは汚れが目立つのでいたしません。でき上りをしっかりと頭に描き、器とのバランスを考えて、決めた位置にためらわないでおきます。

19頁 大徳寺揚麩参照

使うあしらい

白酢

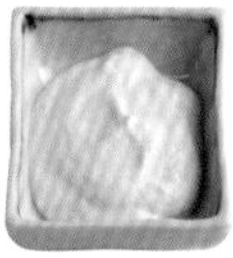

三度豆

使う器

1 器の奥から2、3枚重ねて盛り付けてゆく。

2 白酢を下から上にかける。下部にボリュームをおきながらかけると、流れ落ちることもなく形が美しく仕上がる。

3 白酢の左側に三度豆を立てて添える。

● 大徳寺揚麩は切った状態から2、3枚取って盛り付ける

● 白酢は下から上に向かってかける

使うあしらい

白酢

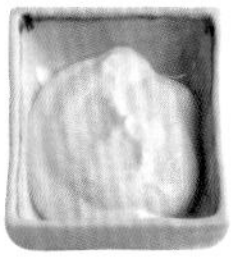

花穂紫蘇

使う器

● ガラスの器を使うときは、下に大葉を敷くと盛り付け自体が落ちついてみえる。また、すべりやすい食材でも安定する

1 大葉を敷き、大徳寺揚麩を器の奥から重ね盛る。

2 白酢を下から上にかけ、花穂紫蘇を添える。

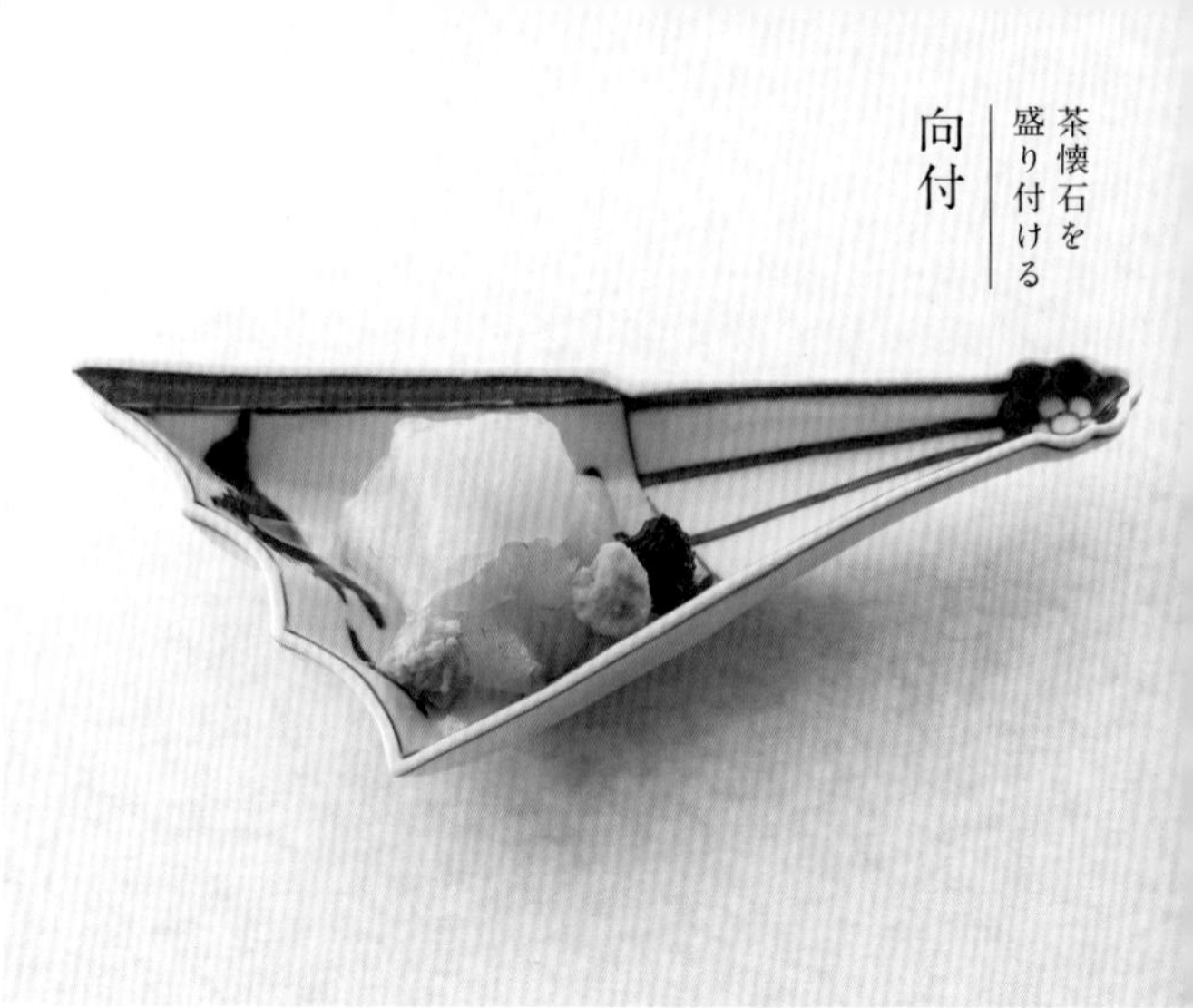

器の使い方あれこれ

ここでは器の形ごとに向きや盛り付ける位置などを紹介します。

扇面形は向付の器としてよく使われます。炉開きや初釜の趣向など、おめでたい茶事、茶会などに使います。

扇

半開扇　平目平造り

半開扇《はんかいせん》とは、扇が少し開いた状態のことをいいます。向きは要のほうを右側にして❶ヨコ向きにおきます。向こう側のふちが折敷と並行になるように❷器を定め、盛り付けは、扇子でいう地紙の部分に盛り❸、中骨の部分には盛り付けません❹。形が三角形に近く、鋭角な角がスッキリとし、やや緊張感をあたえますので、盛り付けるイメージもピシッとした形に仕上げましょう。

扇形　鯛昆布〆数の子和え

この器は扇が開いた状態ですから、要のほうを下にして❺おきます。半開扇と同じく地紙の部分に盛り❻、中骨の部分には盛り付けません。

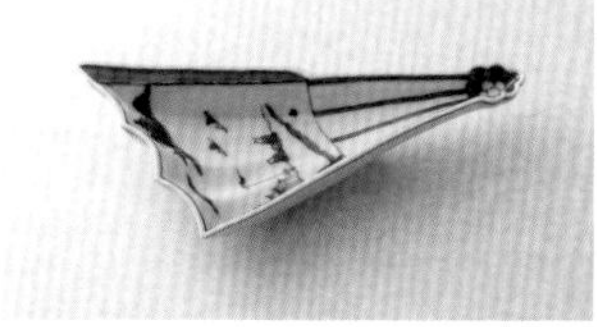

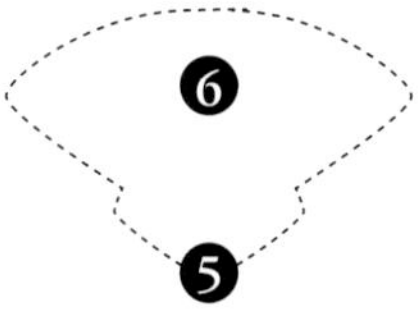

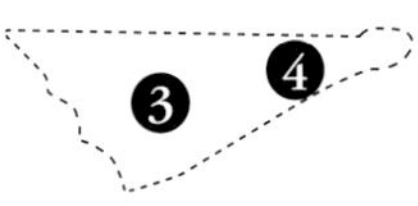

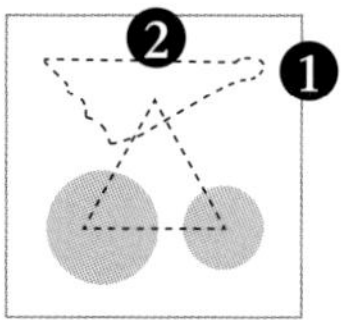

葉型向付

器には葉を模したものもよく使われます。葉の形は、実際に木に葉が付いている時季がよいことから、だいたい5～11月によく使われます。

楽焼 葉皿　鱸平造り

この器は、葉先を左にして❼横向きにおきます。盛り付けるときは、葉の中央にします❽。

楓　鱸細造り

楓は紅葉の時季だけではなく、青楓と見立てて使うこともできます。葉先は基本的に左にしますが、この器の場合はななめ45度くらい上にする❾ほうが、動きがあり野暮ったくなりません。

銀杏　鱸細造り

この銀杏の向付は松本萩ともいわれ、萩焼の初期のものです。足が3本ある場合は、1本を手前にする❿のが常套とされていますが、この器の場合は2本を手前にする⓫ことでバランスが取れます。小ぶりながらも適度な深さと形が上品な器です。

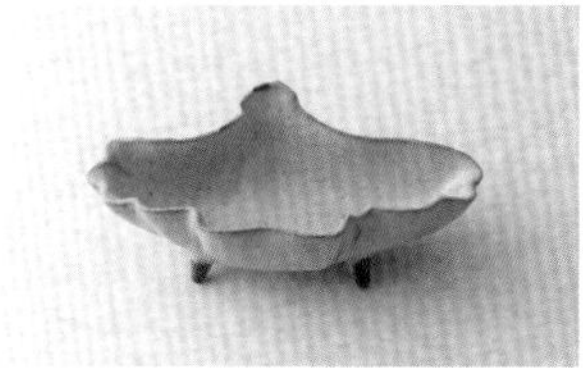

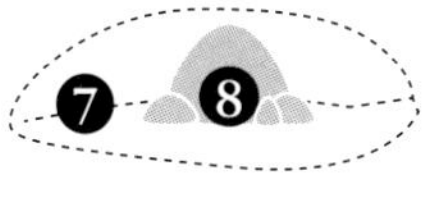

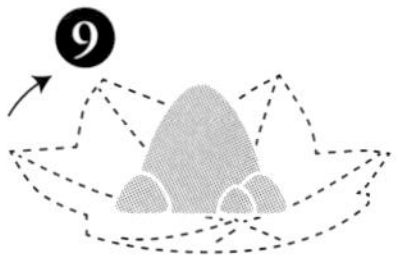

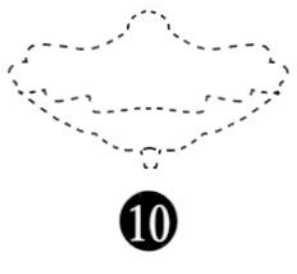

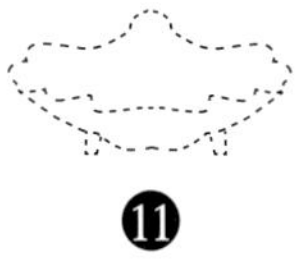

赤楽柚子味噌皿　鯛昆布〆［11月以降］

柚子《ゆず》味噌《みそ》皿《さら》は宗旦居士が向付を盛る器として、樂一入につくらせたのがはじまりといわれています。その点からも盛り付けやすく、お造りが映える器といえましょう。器の上辺あたりに高さをおくことで⓬、すっきりとした杉盛の理想的な形になります。二つの突起を手前にします。

弥七田織部 烏帽子　鯛平造り

［2～4月頃］

烏《え》帽《ぼ》子《し》は古く公家がかぶっていた烏帽子を横からみた意匠のことです。蕨の絵も描かれていますから、2～4月に使います。お雛様の趣向にも喜ばれます。

楽焼織部　鯛細造り

織部は「三べ」との語呂合わせから、11月に行われる口切や炉開きの趣向でよく使われますが、11月だけとはかぎりません。緑釉と白い釉薬の組み合わせが多く、白い部分を手前にして使うと⓭あしらいも映え、すっきりとした印象になります。

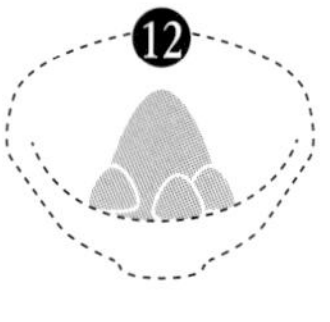

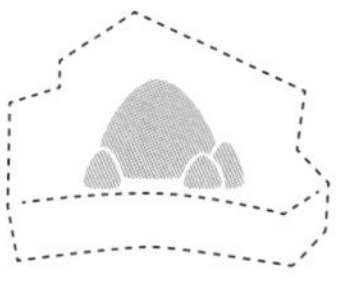

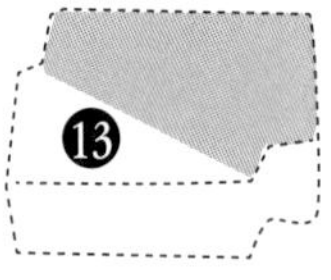

楽焼 蓋向 湯葉旨煮［12～3月頃］

蓋向《ふたむこう》には蕪蒸しや湯葉旨煮などの熱々を盛り、冷めないように蓋をすることから寒い季節に使う向付です。

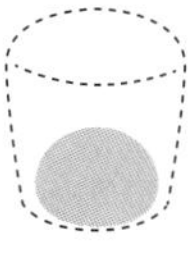

貝

貝をかたどった器は、お雛様の節句や貝の美味しい時季にも合います。鯛はもちろんのこと、貝の造りやヌタ和えを盛り付けても結構です。

染付巻貝向付 平目細造り［3～5月頃］

巻貝は貝をかたどった器のなかで、比較的よく使われます。使う季節は3～5月、巻いた部分を右側にしたほうがバランスがよいでしょう。盛り付けるときはお造りを器の中央に⓮、あしらいは巻いたところを気にせず添えます。

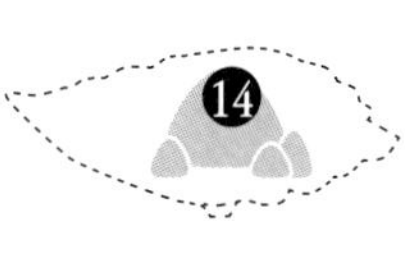

帆立 鯛平造り［11～3月頃］

帆立は11～3月が旬です。鯛など魚のお造りもいいですが、帆立の貝柱を合わせてももちろん合います。

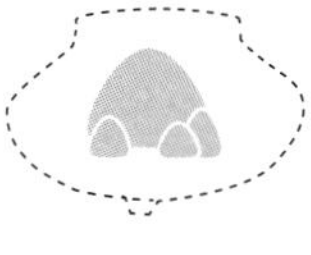

蛤　平目平造り［2〜3月頃］

蛤は2〜3月が旬です。2枚の殻が重なった状態ですが、盛り付けるときは、器の中央部分に盛り付けて⓯左右のあきが均等になるようにします。

すだれ貝　平目平造り［5〜8月頃］

すだれ貝は5〜8月が旬です。蛤と同様に2枚の殻が重なった器ですが、中央部分に盛り付けて⓰左右のあきが均等になるようにします。

ガラスの器

鱧湯引き［6〜8月頃］

底面に大葉を敷くと⓱、すべり止め、彩りを添える、また全体がひきしまり落ちついてみえるなどの役割をします。場合によっては、料理を盛り付ける直前まで冷水に浸けておくこともあります。

47頁　大徳寺揚麩参照

Q 鯛や平目の昆布〆は一年を通して使えるのでしょうか?

A 昆布〆は魚と昆布のうま味が凝縮されるのでたいへん美味しく、向付では人気の献立です。
ただ、昆布の粘りが魚に付くことから、炉（11～4月）の時季のほうがふさわしいでしょう。

⁂ 昆布〆の作り方

鯛や平目を食べよく平造りにする。
昆布の上に一切れずつ重ならないようにならべて、巻き込むようにして〆る。

18頁 平造り参照

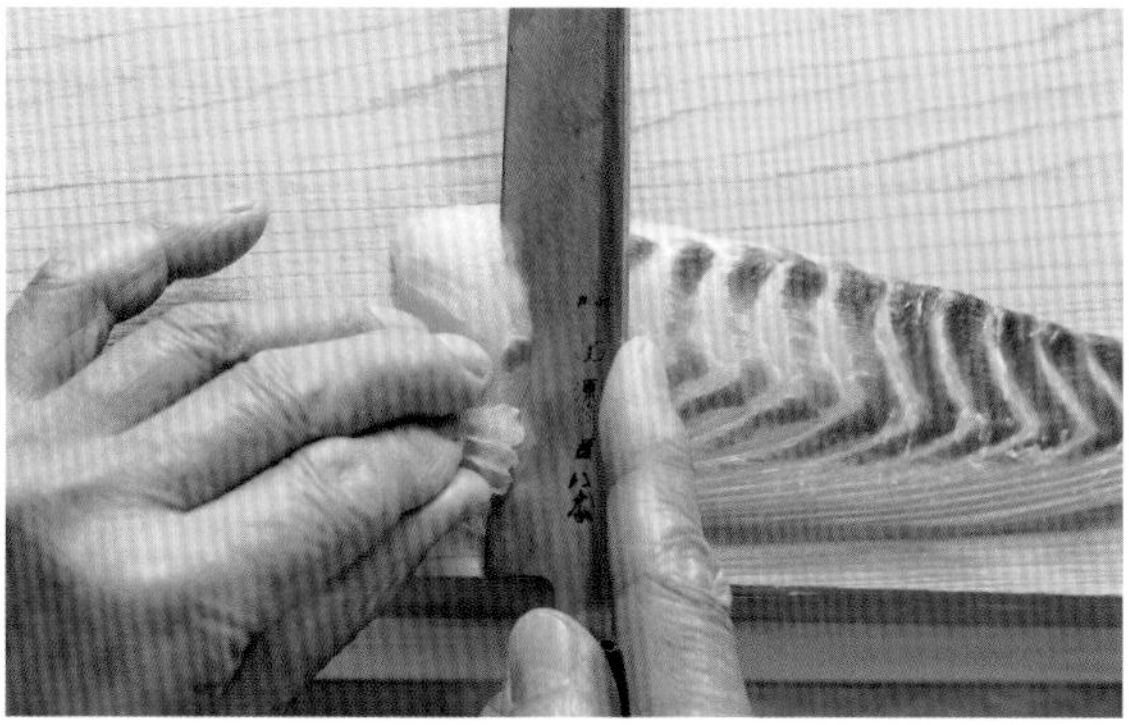

茶懐石を盛り付ける

ご飯と味噌汁

茶事では、懐石のなかではじめに持ちだされるのが飯、汁、向付で、客は飯、汁を最初にいただきます。ここでは、一文字飯《いちもんじめし》の盛り方や飯器へのよそい方、汁椀の味噌汁のはり方や汁替《しるかえ》を手早くする方法を解説します。

ご飯について

何よりもよいお米を選びます。普段より水を多いめにしてやわらかく炊き、最初によそう「一文字飯」は、火を止めたばかりのご飯を釜から飯椀に直接よそいます。初穂をとるという意から三口で食べきれる量が「一文字飯」で、「炊き上がりをとりあえずお召し上がりください」という意味も含まれています。

一文字飯の盛り方

1 炊き上がる寸前で火を止める。

ご飯と味噌汁［一文字飯の盛り方］

2
ぬらした杓文字《しゃもじ》で、釜肌と飯を離す。

3
杓文字の幅に合わせて、左右を切る。

4
杓文字を釜肌から手前へななめに押さえる。

5
押さえた場所へ、釜肌に向かって杓文字を手早くさし入れ、すっきりとした形につくりあげる。「一文字を切る」という表現もする。

6
そのまま杓文字を持ち上げる。

7
釜肌の面が椀の底にくるように盛り付ける。

8
杓文字をそのまま上に引き上げる。

9
杓文字に接していた面が正面となる。

10
一文字飯の完成。

飯器

次に客がいただくご飯は、飯器《はんき》から客が自らよそうものです。1度目の飯器にはご飯を一人分ずつわかるように、また取りきれる量を盛り込みます。

2度目の飯器にはほぐしたご飯をたっぷりと盛り込みます。

1度目の飯器に盛る（五人分）

1 綴じ目を正面にして、二本の杓文字を使って飯器の奥から順に盛り付けてゆく。

2 全体に少し左寄りにすると、客がよそいやすい。

2度目の飯器に盛る

ほぐしたご飯をたっぷりと盛り込む。

1度目の飯器
● 一人分ずつ、少し左寄りに盛る

2度目の飯器
● ほぐしたご飯をたっぷりと盛る

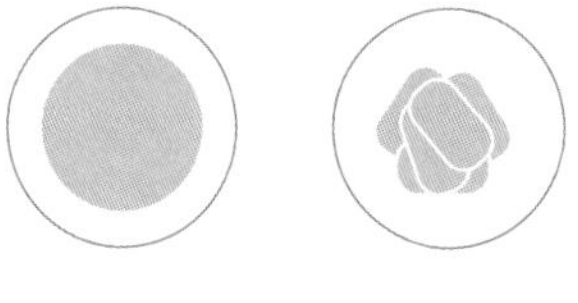

籠飯器　木地の丸盆と銀製の杓子をのせて

紫蘇ご飯

枝豆ご飯

混ぜご飯

混ぜご飯は、食欲がない夏に少しでも美味しく召し上がっていただくために、朝茶事のおもてなしとして、お勧めすることもあります。

炊き込みご飯にしないのは、懐石の飯は白ご飯が基本だからです。紫蘇や枝豆などを混ぜて手早く仕上げ、籠の飯器に笹の葉を敷いて、見ためも涼し気にしてご飯を盛り込みます。

混ぜご飯は1度目の飯器でお勧めし、2度目は白ご飯を籠飯器に盛り込みます。

両次

両次《りょうつぎ》は飯器と湯斗《ゆとう》、一つで二つの役割をする器です。ご飯の盛り方は1度目の飯器と同じです。

3人分の場合

湯斗として給仕する場合

味噌汁について

汁はご飯をいただくために口をしめらせる役割があり、三口程度のご飯の量に足るだけの分量となっています。汁は味噌仕立てで、実は季節の野菜や豆腐など精進物です。実の上には溶き辛子を添えますが、これは好みによって客が加減できるようにするためです。また1度目の飯器を持ちだすと同時に汁替を行いますが、はじめよりも汁は多めにはり、実を少し大きくするとか、数を増やす場合もあります。

季節によって味噌の配分をかえる

汁椀の味噌汁は、炉の時季は白味噌を多くして少し甘めに、暖かくなるにしたがい、赤味噌（八丁味噌など）の割合を増やしていきます。盛夏は数種類の赤味噌を合わせることもあります。

寒い時季は白味噌 ← 白味噌と赤味噌の割合の変化 → 暑い時季は赤味噌

寒い時季の味噌汁

白味噌を多くする。実の上には溶き辛子を添える。

白味噌

暑い時季の味噌汁

暖かくなってくると赤味噌を増やす。赤味噌には溶き辛子を添えず、胡麻や一味唐辛子などを添える。

赤味噌（八丁味噌）

はじめの汁の場合［小豆豆腐・三つ葉］

汁替の場合

はじめの汁の場合［子芋・胡麻］

汁替の場合

盛り付けの手順と汁のはり方

汁をはるときは、椀中が乱れないようにします。

1 椀に小豆豆腐、あしらいの三つ葉をのせる。

2 椀を鍋の近くに寄せて、実に汁がかからないように、玉杓子の柄のきわから汁をはる。このとき溶き辛子などのあしらいが流れないように、実が汁からのぞくく程度にしておく。

3 黒文字や割り箸などを使って、溶き辛子を豆腐の上に添える。

汁替の仕方

茶事の進み具合など、そのときの席の状況にもよりますが、汁替は正客の分は椀ごと取りかえ、次客以降は椀を清めてから汁をはりかえます。決まりではありませんので、臨機応変に対応してください。

汁替のため
席中から
戻ってきた椀

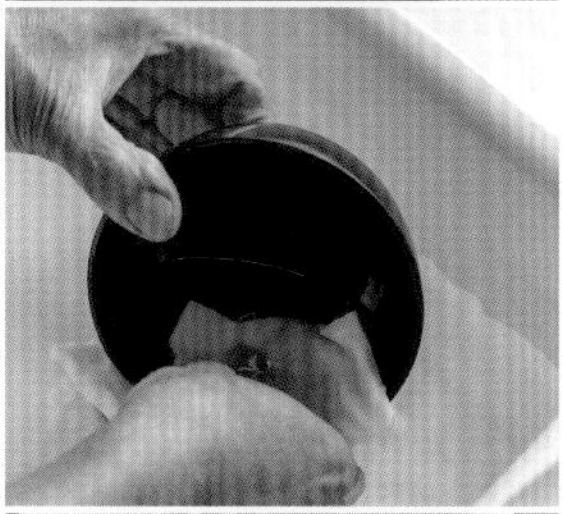

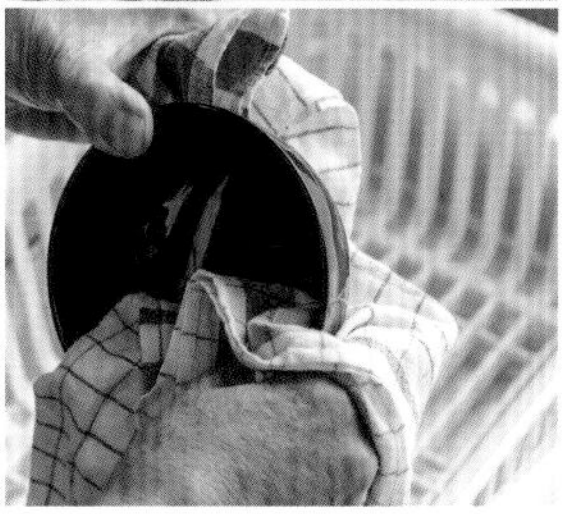

1 湯のなかでやわらかい布巾で手早く清める。

2 かごに伏せて水気を切る。

3 グラス用タオルで乾拭きをする。

4 実を盛り付けて汁をはる。

5 丸盆にのせて、溶き辛子を添える。
汁替は丸盆で給仕する。

茶懐石を盛り付ける

煮物椀

煮物椀は菜盛《さいもり》、椀盛《わんもり》ともいわれ、一汁三菜とされる茶懐石のうち向付に続く菜《さい》となります。椀種は魚、貝、鳥（鶉《うずら》）などが主で、真薯《しんじょ》や玉子豆腐、葛叩きといった調理がされます。また椀種には季節の野菜や吸い口が添えられ彩りも華やかです。

盛り付けの基本

煮物椀は椀に合わせて椀種を大きめにつくり、あしらいは椀種からでるくらいの大きさ、長さに形をととのえます。そうすることで、運ぶときに椀中が乱れにくく、美しいまま客におだしすることができます。

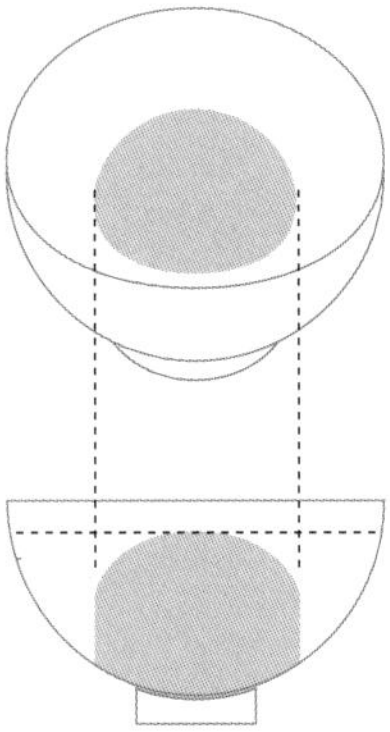

●椀種の大きさは、椀に汁をはったときに動かないよう大きめに

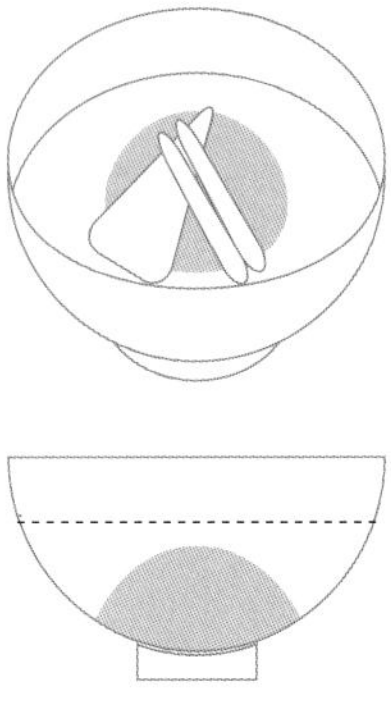

●あしらいは、椀種からはみでるくらいが安定よく、汁をはっても崩れない

●椀種が小さく低いと椀中で動き、あしらい、吸い口ともに崩れる

吸い口の種類

おろし生姜

生姜を細かくおろしたもの。

刻み紫蘇

紫蘇を刻んで水にさらす。

洗い葱

葱を小口に切って水にさらす。

柚子

へぎや褄《つま》型に切る。炉開きのころは黄色の柚子を使う。

わけぎ

さっと茹でる。

白髪葱

白葱をせん切りにして水にさらす。

木の芽

山椒の新芽
3～5月の木の芽の時季に用いる。

針生姜

生姜を細かく刻んで水にさらす。

芽葱

適度な量を束ねて使う。

七味唐辛子

粉山椒

胡椒

黒胡麻

浅草海苔

一味唐辛子

青海苔

盛り付けの手順と汁のはり方

煮物椀の基本的な盛り付け手順は、まず椀種を椀の中心に盛り、あしらいは大きなものから順に添えていきます。アクセントとなる吸い口は香りや辛味が強いものですから、汁をはったあと客がわかるように目立つところに添えます。汁は椀種の頭が少しのぞくくらいがよいでしょう。

蛤真薯

和布・胡椒／吉野椀

1
椀、蓋の正面を定める。主となる椀種を椀の中央に盛り、あしらいの和布はまとめてから添える。

2
汁は玉杓子の柄のきわから、椀種になるべくかからないようにはる。

3
胡椒は辛味が強いので、客が大量に口にふくまないよう椀種の全体に適量添える。

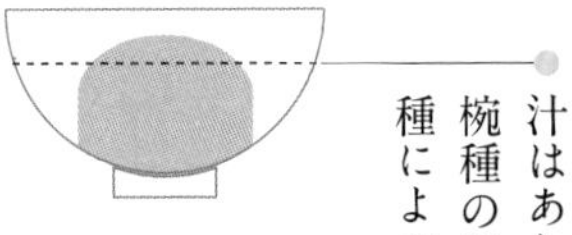

汁はあしらいが崩れないように、椀種の頭がでるくらいまで。椀種によって汁の量を加減する

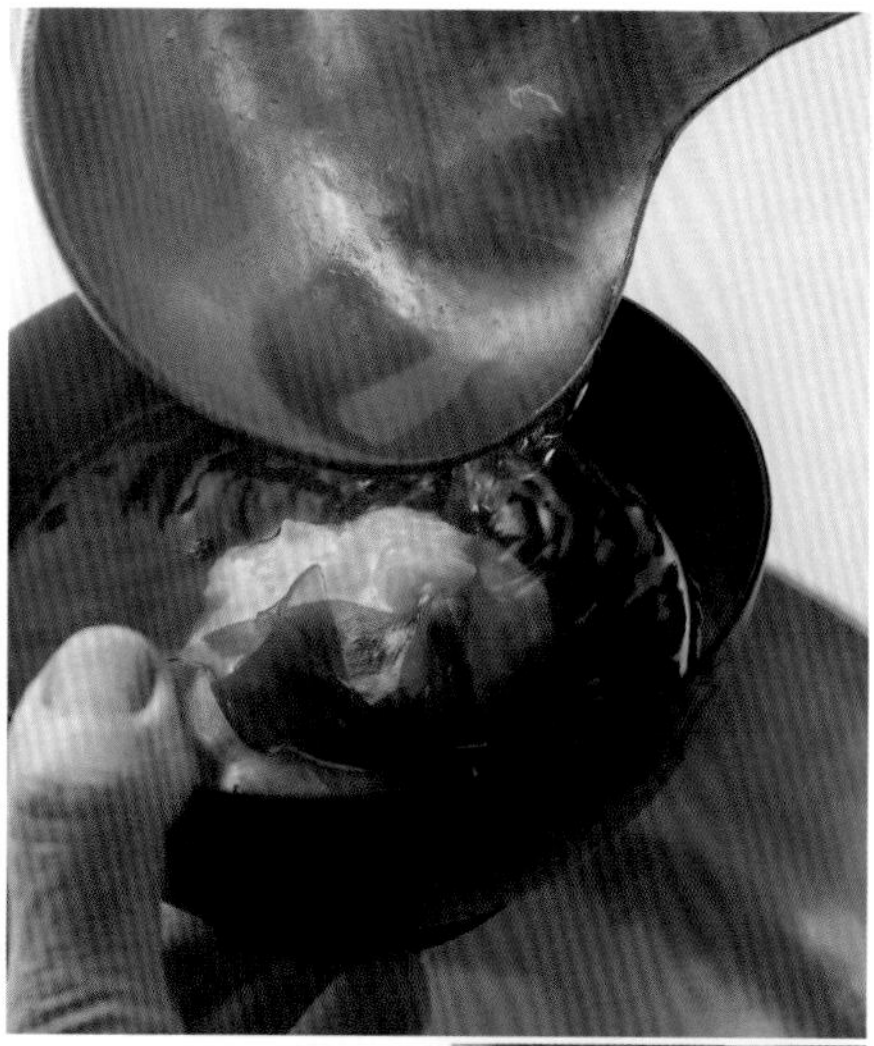

白魚の玉子豆腐

金時人参・芽れんそう・木の芽／鶴丸椀

1
椀、蓋の正面を定める。

2
椀種を椀の中央に盛る。

3
あしらいの金時人参、芽れんそうを玉子豆腐の上に添えて、椀種にかからないように汁をはり、木の芽を添える。

鱧の葛叩き　管牛蒡・つる菜・柚子／松皮菱椀

鱧は京都の夏を代表する食材で、ふんわりと葛叩きにしました。葛叩きにすると、あしらいの牛蒡がすべってたおれやすくなりますので、先につる菜を添えることで、すべり止めになります。

1　椀、蓋の正面を定める。蓋裏に蒔絵などが施されている場合があるので気を付ける。
2　椀種を椀の中央に盛る。
3　つる菜を先に、次に管牛蒡を添え、椀種にかからないように玉杓子のきわから汁をはる。
4　へぎに切った柚子を添える。

鰆の蕪蒸し

金時人参・菊菜・山葵／松唐草蒔絵椀

蕪蒸しは、すりおろした蕪を魚や野菜の上にかけて蒸す調理方法です。椀に合わせてつくったものを容器にのせて蒸します。葛仕立てで厳冬の時季に喜ばれます。あしらいの結び人参は、ふんわりつくります。

1 椀の大きさに合わせて、椀種をつくり蒸す。

2 椀種の大きさに合わせて、結び人参をつくる。

3 器、蓋の正面を定める。

4 蒸し上がった蕪蒸しを椀の中央に盛り付ける。

結び人参、菊菜を添える。椀種にかからないように、玉杓子の柄のきわから薄葛仕立てをはる。

5 山葵を丸めて添える。

茶筅茄子と小芋

三度豆・生姜／秀衡椀《ひでひらわん》

この煮物椀は、夏の精進のおもてなしとしてお勧めすることもあります。薄葛仕立てながら、さっぱりとした味わいです。小芋は、椀と小芋の大きさによって2、3個、単体では転がってしまいますので、茄子を支えにして盛り付けます。あしらいの三度豆はそれぞれ長さをかえて切ることで、動きがでます。

1 椀、蓋の正面を定める。
古い椀は蓋と身が合わせにくいことがあるので、事前に確認をしておくこと。

2 茶筅茄子は椀の奥に、小芋は少し左寄りに、この椀の場合は深さがあるので3個盛り付ける。

3 長さをかえて切った三度豆を小芋の右横に立てて添える。

4 薄葛仕立ては、椀種にかからないように玉杓子のきわからはる。

Q この煮物椀は
どこが正面ですか?

A 二色で半分ずつ塗り分けられた意匠を片身替《かたみがわり》といい、茶道具でも茶椀などにもよく用いられています。どこを正面にするかはご亭主が決めることですが、一般的には向って右が黒、左側が朱になるように使うことが多いようです。

Q 吉野椀は春の時季にしか使えないのでしょうか?

A 吉野椀は懐石道具の多くに描かれていますが、実際何の花を意匠化したのかは定かではありません。今は桜に見立てて3〜4月に用いることが多いようですが、牡丹《ぼたん》や木槿《むくげ》と見立てて5〜7月にも用いることもできます。

Q 添えの野菜を桜や紅葉、千鳥などの型抜きを使って椀種を飾りたいのですが。

A 結論からいいますと、好ましくありません。なぜかというと、茶懐石というのは基本的に手間をあまりかけず料理をし、お客様にお勧めするものです。食材をいじればいじるほど時間がかかり、鮮度が落ちます。また、桜や紅葉が美しい時季は重ねる必要もないでしょう。シンプルかつ美しく、美味しくつくることを心がけましょう。

茶懐石を盛り付ける

焼物

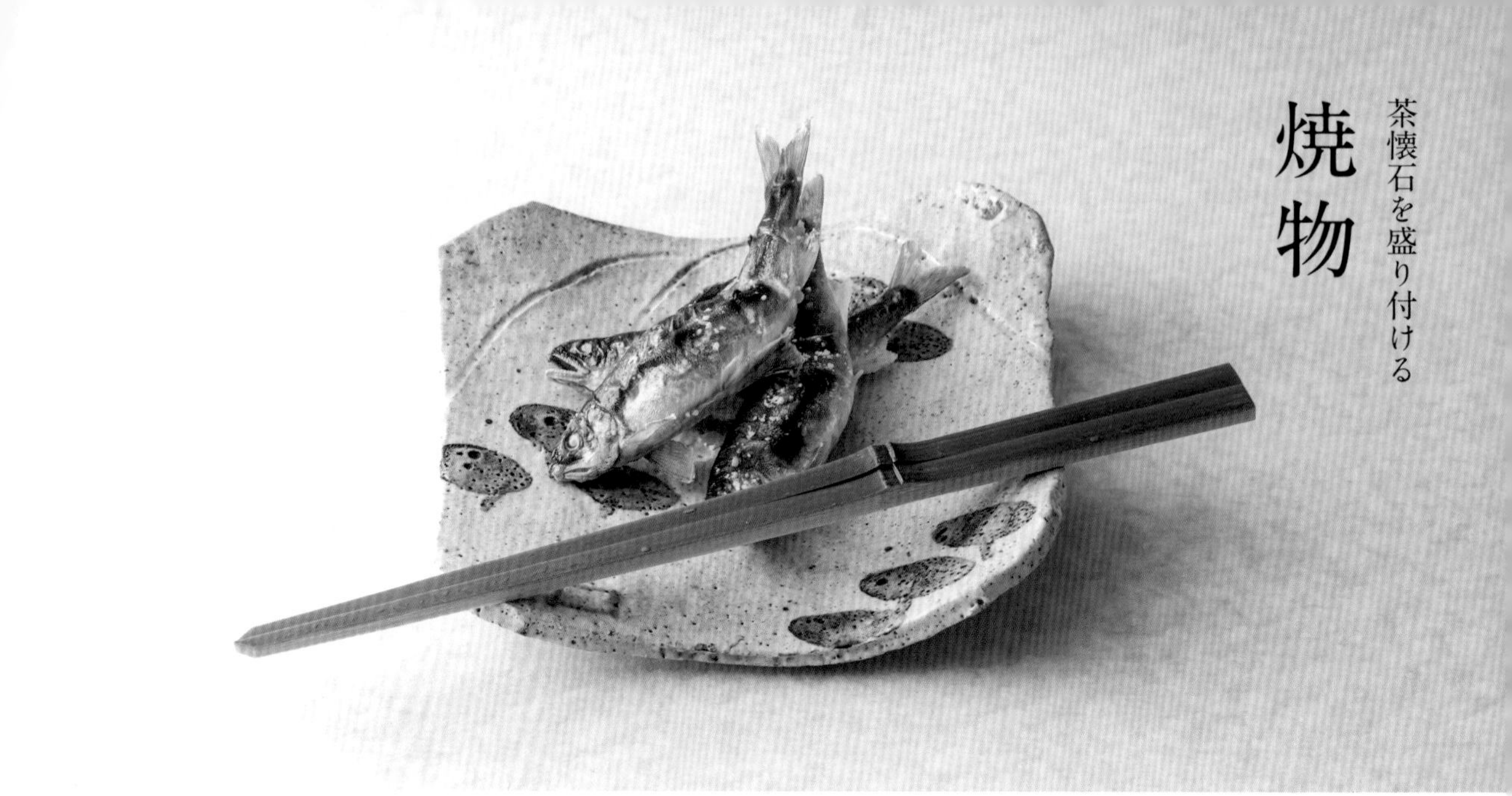

焼物は向付、煮物椀に続いて、三番目の菜《さい》となり、魚や肉類、野菜、湯葉などを焼いたり、揚げるなどしておだしします。焼物までは一人ずつ盛り付けられますが、焼物からは人数分を一鉢に盛り込んでいき、青竹の取り箸（中節）を添えます。席中で客が取りまわすことを考えると、おおむね浅く、平たい器になりますが、深さがありながらも、ふさわしいものもあります。陶磁器、ガラス製など献立に合わせて選びますが、夏は涼し気ですっきりと、冬は暖かみがあるものが喜ばれます。

温かいものは温かく、席中では焼物を詰まで冷めないように取りまわしをしなくてはなりませんから、器は湯に浸けておくなどして充分に温めておきます。とくに備前や信楽のような土物はしっかりと湿らせておきましょう。

盛り付けの基本［姿焼］

姿焼は一つ一つを安定よく重ねて盛り付ける、「重ね盛り」にしてゆきます。一番上が正客（メインゲスト）、その下が次客と順に取りやすく、かつ美しいことから理にかなった形といえます。

- 頭を左にして、二尾の尾の側を重ねるように盛る❶❷。とくに焼き目が綺麗なものを一番上にする❸
- 客が5人の場合は、残り三尾のうち二尾を、互いちがいに重ねて盛る❹❺

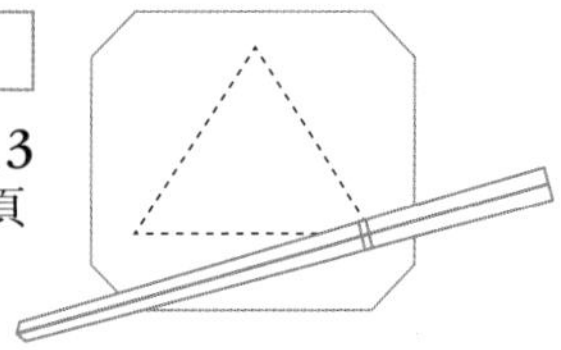

「中節」

13頁 箸について

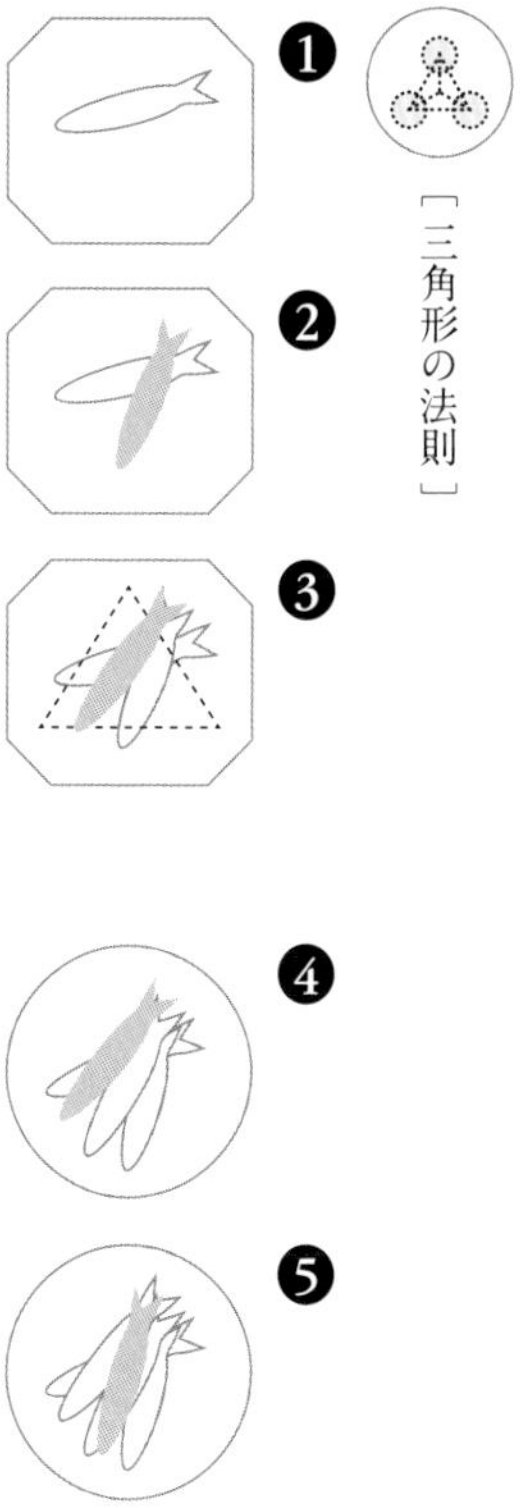

［三角形の法則］

盛り付けの基本［切り身］

切り身の場合は魚の形が平行にならないように盛り付けると動きがでて、取りやすくもなります。

［3人分］

● 三角形になるように、三切れをそれぞれ少しずつ重ねて盛る

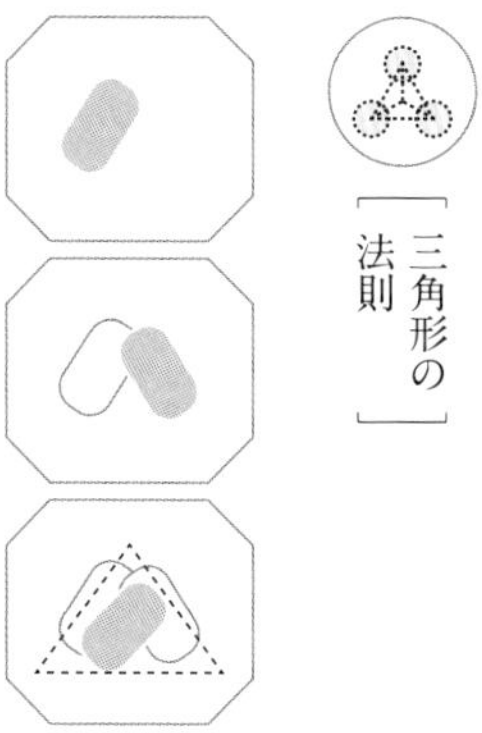

［三角形の法則］

［5人分］

● はじめは三角形になるように、三切れをそれぞれ少しずつ重ねて盛る。あとの二切れは焼物と器のバランスをみて、右❶または左❷から重ねて仕上げる

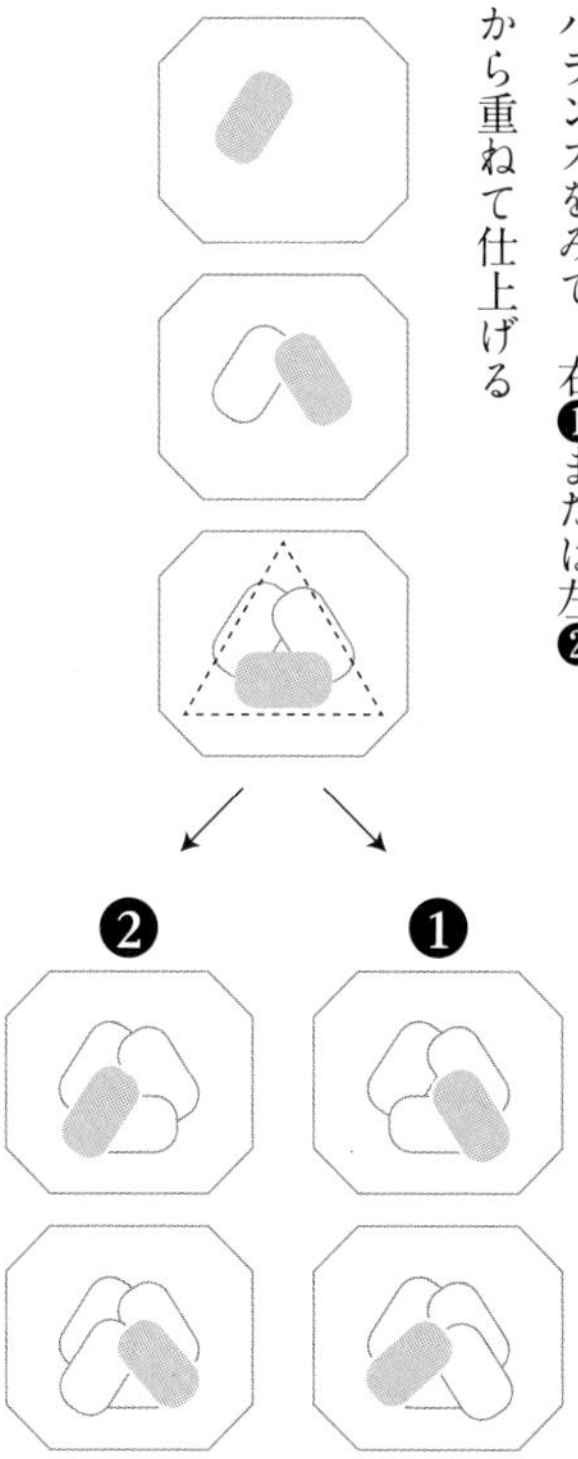

鮎塩焼

鮎は姿のまま焼きます。盛り付けるときは頭を左側にして、焼き上がりのなかでも、とくに焼き目が綺麗なものを一番上にします。客におだしするときは、蓼《たで》酢を別の器に入れて添えます。

3人分

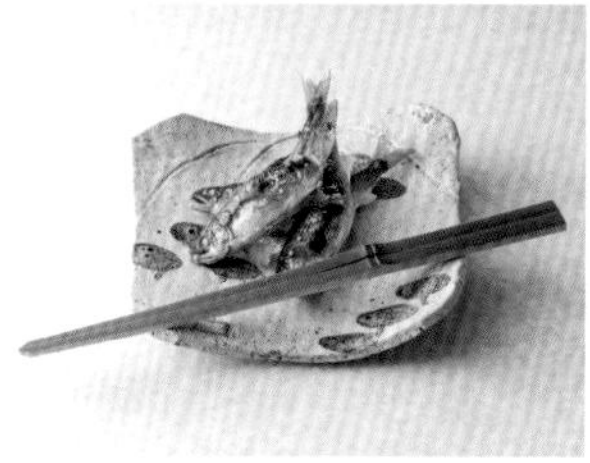

1 器の正面を定める。
2 頭を左にして、二尾の尾の側を重ねる。
3 一番上に正客の分を重ね盛る。
4 取り箸を添える。

5人分

1 器の正面を定める。
2 尾の側を重ねるようにして二尾を盛る。
3 残り三尾のうち二尾を、互いちがいに重ねて盛る。
4 一番上に正客の分を重ね盛る。
5 取り箸を添える。

嘉慶年製

鰆幽庵焼

鰆《さわら》の旬は春先の3月から初夏の5月、初冬の12月から厳冬の2月と地域によって異なります。春先の鰆は淡泊で、冬は脂がのって旨味が増します。幽庵焼や蒸し物、味噌漬けなどの調理方法があります。

手付きの鉢

手付きの鉢は、手を真横から反時計回りに少しななめにしてあつかいます。そうすることで、客が焼物を取りやすくなります。

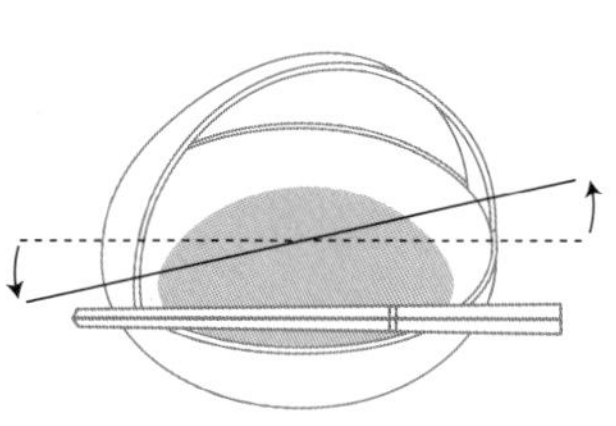

● 器の向きを回転　取り箸は真横に

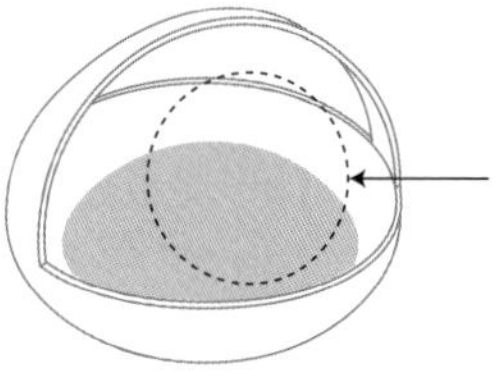

● 取り箸が入りやすい空間ができる

3人分

1 器の正面を定める。
2 二切れを重ねて盛る。
3 手前に正客の分を重ね盛る。
4 取り箸を添える。

5人分

1 器の正面を定める。
2 三角形になるように、三切れを少しずつ重ねて盛る。
3 残りの二切れは、取りやすいように左、右と重ねて盛る。
4 取り箸をまっすぐにして添える。

マナガツオ味噌漬

マナガツオは冬が旬です。やわらかく、上品な旨味が特徴で、幽庵や味噌漬など幅広い調理方法が可能です。崩れやすい魚ですから、手際よく重ねて盛り付けます。

●器が大きく高台が高い器も力強く、焼物鉢として用いても面白い。緑釉に白身が映る

3人分

1 器の正面を定める。

2 二切れを少し重ねて盛り、残りの一切れも同様に手前に重ねて盛り付ける。

3 取り箸を添える。

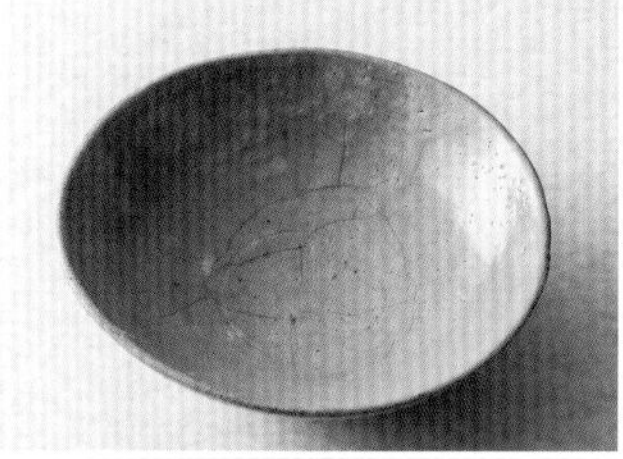

5人分

1 器の正面を定める。

2 三切れを三角形になるように盛る。残りの二切れを重ねて盛る。

3 取り箸を添える。

カマス曲焼《まげやき》

カマスは夏と冬に旬があり、冬のカマスは脂がのり美味しいとされています。曲焼はカマスの両端を曲げて焼く調理方法のことで、器に盛り付けるときは、皮を上にして、曲げたことがわかるようにします。

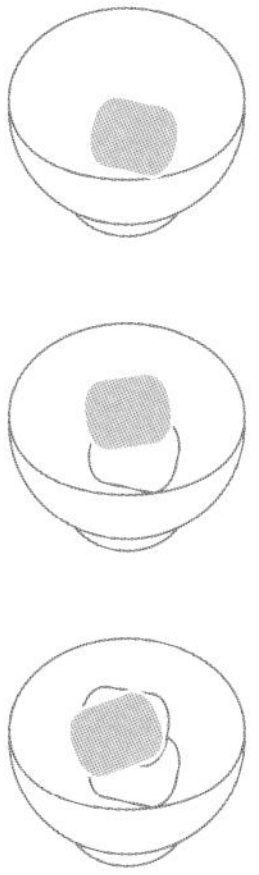

●深い器の場合は、上に重ねて盛るとよい

3人分

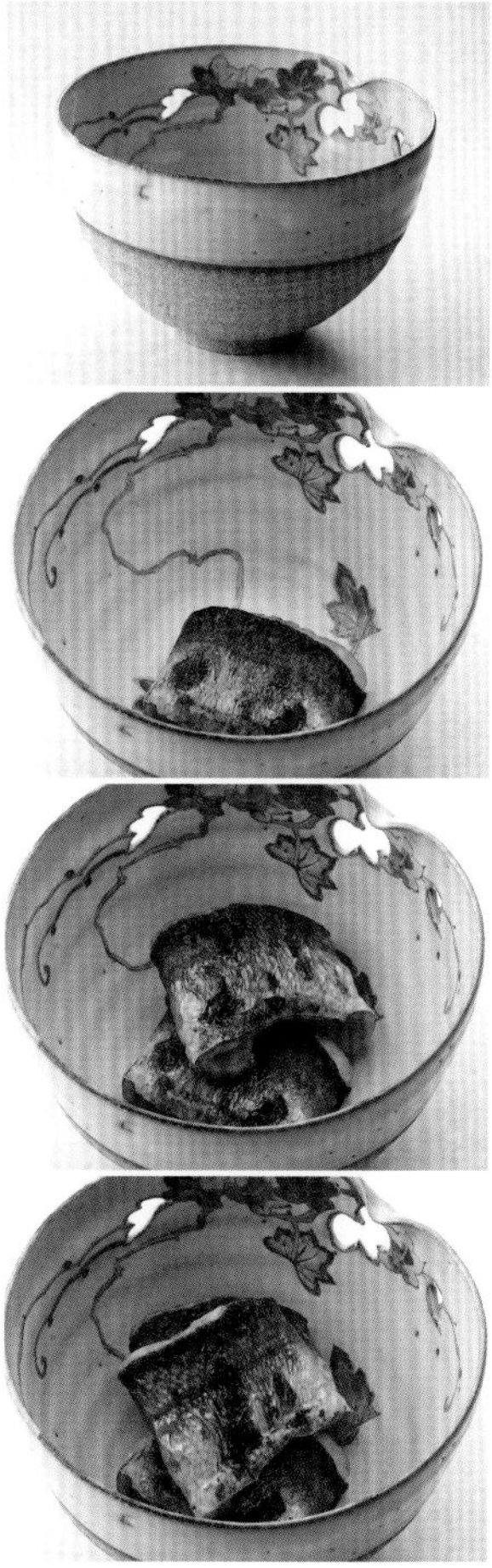

1 器の正面を定める。

2 平行にならないように向きをかえながら、重ねて盛り付けてゆく。

3 カマスと並行にならないように、取り箸を添える。

5人分

1 器の正面を定める。

2 三角形になるように、三切れを盛る。

3 残りの二切れは、取りやすさとバランスから右、左と重ねて盛る。

4 カマスと並行にならないように、取り箸を添える。

茶懐石を盛り付ける

精進の焼物

精進《しょうじん》とは、もとは禅僧がいただく料理、禅院《ぜんいん》料理からはじまり、それがやがて草庵《そうあん》の料理として茶の湯に定着しました。今でも魚などの材料が手に入りにくい夏に催す朝茶事や、故人を偲ぶ趣向で用いられます。動物性のものは使わず湯葉や野菜類を調理します。

筍の木の芽焼き

筍のアク抜きをしたあと、味をととのえた出汁《だし》で炊いてから、軽く焦げ色が付く程度に焼き、細かく刻んだ木の芽を振りかけます。3月のお彼岸の時季に焼物としてお勧めしても結構です。

∴ 厳冬の時季に

最近はあまり用いられませんが、厳冬の時季は「さめないように」蓋付の器でもてなすことがあります。

湯葉の山椒焼

湯葉は時季を問わず用いることができます。焼物としておだしする場合は、湯葉を揚げたあと味をととのえた出汁で味を煮ふくませ、軽く焼き色が付く程度に焼き、粉山椒をかけます。

茄子田楽

今は一年を通してでまわっている茄子ですが、やはり旬である夏の間は皮がやわらかく、どのように調理しても美味しくいただくことができます。京都では賀茂茄子で調理するのが一般的ですが、米茄子や信越地方の丸茄子などが田楽に適しています。朝茶事はもちろんのこと、お盆の時季に用いてもよいでしょう。

盛り付け Q&A

Q 茶懐石の焼物で飾り葉やはじかみを添えることはありますか？

A 料理屋さんでは、飾り葉が添えられていたり、敷いてあることが多く、また口なおしの「はじかみ」が添えられていることがありますが、茶懐石では焼物を美味しく召し上がっていただくために、余分なものを添えないのが約束です。

茶懐石を盛り付ける

預け鉢

一汁三菜が基本となる茶懐石では、預け鉢は不要とされていますが、向付や煮物などに使った材料や季節の食材をより深く味わっていただくために、預け鉢をお勧めする場合があります。献立は主に焚き合わせ、酢の物、浸し物などで、旬の食材で相性のよいものを合わせます。ただし、お勧めする場合は、客の召し上がる量や体調などを考慮しましょう。「進肴」「強肴」と書く「しいざかな」がありますが、これを総称して「預け鉢」といいます。取り箸は、基本的には元節（止め節とも）を使いますが、酒盃などは、赤杉の箸を添えます。

盛り付けの基本

∴ お浸し、和え物

お浸しや和え物を盛り付ける場合は気取らずざんぐりと、つんもりと杉盛に盛り付けます。あしらいのあるなしに関係なく、深い器、浅い器ともに料理の頂点は、器の大きさや人数により変化します。

∴ 焚き合わせ

焚き合わせは二種盛りが基本です。二種盛りの場合は、前後または右手前と左奥に盛ります。大きく安定感があるものを奥に、小さいほうは手前に添えるようにおきます。手前が低く、奥が高いと料理も取りやすくなります。

お浸しや和え物の盛り付け

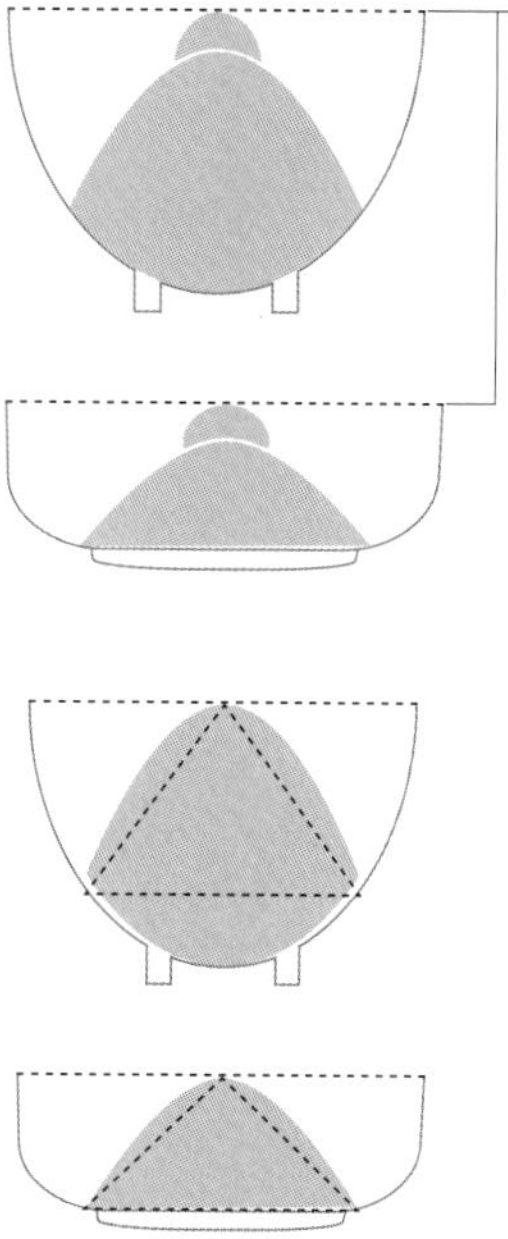

- 器と料理の高さを合わせて盛り付ける場合
- お浸しや和え物の場合は、器の縁に頂点を合わせるような感覚で、つんもりと盛り付ける

焚き合わせの盛り付け

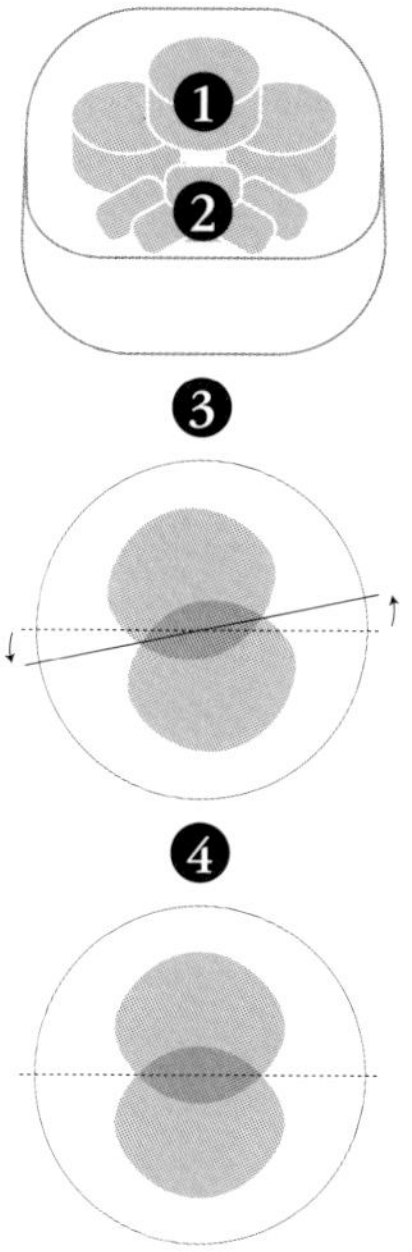

- 奥には安定感があるもの❶、もう一種は手前に添えるように❷
- 器によって中央の境を、反時計回りにふり、左奥、右手前に盛る場合と❸、中央を境に奥と手前に盛る場合がある❹

預け鉢に添える箸

預け鉢の箸は、基本的に節を元に残した元節を添えます。基本となる長さは七寸五分(約22・7cm)です。また海鼠腸《このわた》やウルカといった酒盗、疵《きず》の付きやすい器には赤杉の矢筈箸を添えます。

「元節」

「矢筈箸」

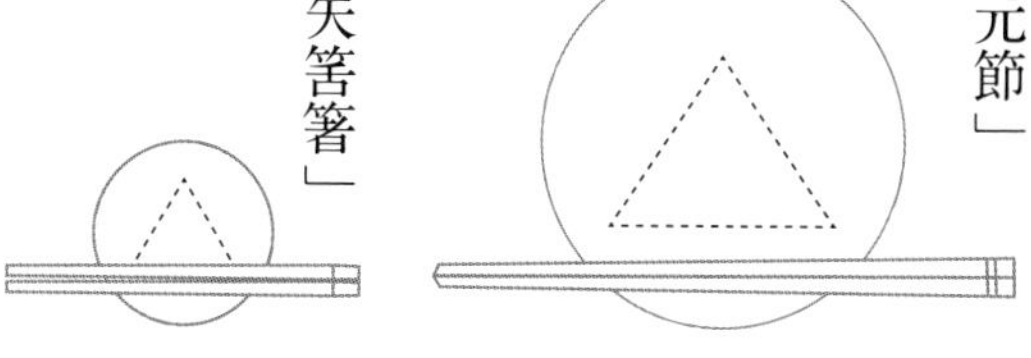

13頁　箸について

茄子旨煮　飛龍頭《ひりょうず》　焚き合わせ

初夏からでまわりはじめる小茄子。ではじめのころは蔕《へた》もやわらかく、茄子の風味が口のなかで広がります。

使うあしらい
柚子せん切り

1
器の正面を定める。

2
先に安定がよい飛龍頭を器の奥に重ねて盛ってゆく。

3
器の手前に小茄子を盛り付けてゆく。

4
せん切りにした柚子を添える。取り箸を添える。

湯葉旨煮　海老真薯《しんじょ》

味わい、食感ともにことなるものを合わせました。安定感と彩りのバランスから湯葉旨煮から盛り付けます。

使うあしらい
木の芽

1 器の正面を定める。

2 湯葉旨煮を器の奥に三角形に盛る。

3 湯葉はやわらかく崩れやすいので、気を付けながら重ねて盛ってゆく。

4 器の手前に海老真薯を重ねて盛ってゆく。

5 木の芽は添える直前に香りをたたせ、形をととのえて添える。

鴨《かも》治《じ》部《ぶ》煮《に》　す巻豆腐旨煮

冬に旬をむかえる鴨は、煮物椀をはじめ、焼物や預け鉢、八寸と使い方も幅広く、茶懐石には欠かせない食材です。コクがありますので、淡泊な味わいの食材と合います。

治部煮にした鴨はすべりやすいので、豆腐から盛り付けます。

使うあしらい

粉山椒

柚子せん切り

1 器の正面を定める。

2 器の奥に豆腐旨煮を面がみえるように重ねて盛ってゆく。

3 鴨を二枚、それぞれ面がみえるように重ねて盛る。粉山椒をかける。

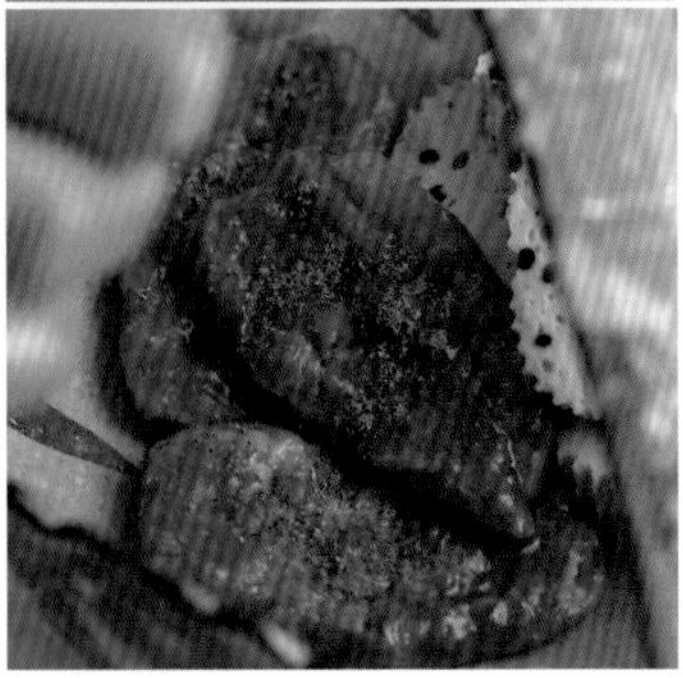

4 残りの鴨二枚を重ねて盛り、粉山椒をかける。柚子のせん切りを添える。

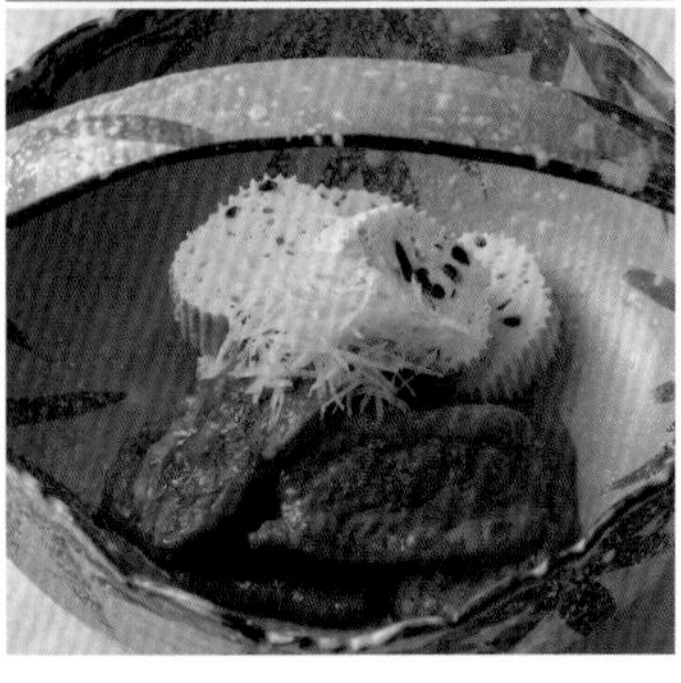

大根　鴨の味噌煮

使うあしらい

粉山椒

柚子せん切り

1 器の正面を定める。片口は口を左下にむけて、手はななめに用いる。

2 先に大根を盛る。

3 鴨を面がみえるように重ねて盛り、粉山椒をかける。残りの鴨を重ねて盛り、粉山椒をかける。

4 柚子のせん切りを添える。

鶉《うずら》丸《がん》　海老芋　焚き合わせ

冬に旬をむかえる鶉は、小さい鳥ながらも強い風味を持ちます。焚き合わせにするときは、団子状（丸《がん》）にすることがほとんどですから、転がらないように海老芋のような安定感があるものと合わせます。

1 器の正面を定める。

2 海老芋は寝かせて、重ねて盛る。

3 鶉丸を盛り付けてゆく。正客が取りやすいように、一番上の里芋の位置をなおした。

4 柚子のせん切りを添える。

5 取り箸を添える。

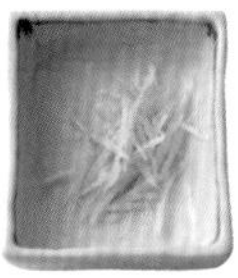

使うあしらい
柚子せん切り

松茸　水菜の酢の物

松茸は言うまでもなく秋の味覚で、「香り松茸」というように秋を代表するご馳走です。ザクッとしながらも、つんもりと形をととのえて、たっぷりと器に盛り付けます。松茸、水菜ともに調味した酢で味を付けておきます。

1 器の正面を定める。
2 水菜は汁気を切って、器の奥につんもりと盛り付ける。
3 松茸は笠と軸を切りわけ、それぞれを手でさく。軸を水菜の手前に盛り、上に笠の部分をつんもりと盛り付ける。
4 取り箸を添える。

茄子と三度豆の胡麻浸し

複数の食材を合わせるときは、胡麻和えやヌタ和えのように和え物にすると、取りやすくなります。

円錐形《えんすいけい》になるように盛り付ける。

1　器の正面を定める。

2　茄子と三度豆が片寄らないように、器の底中央に土台となるよう盛り付ける。

3　土台の上に杉盛りになるよう、彩りよく頂点に三度豆を添えるように盛り付けてゆく。

4　取り箸を添える。

赤貝と分葱《わけぎ》の辛子酢味噌和え

さまざまな色味の食材を合わせるときは、どちらかに色合いや食材が片寄らないように、彩りよくなるように心がけます。

彩りよく盛り付ける。

1 器の正面を定める。
2 赤貝と分葱が片寄らないように、器の底中央に土台となるよう盛り付ける。
3 土台の上に杉盛りになるよう、彩りよく盛り付けてゆく。
4 取り箸を添える。

八寸

茶懐石を盛り付ける

八寸《はっすん》は取肴《とりざかな》ともいい、八寸角（約24cm角）の赤杉でつくられたヘギ盆を器とするところから、この名があります。茶懐石の流れでいうと三献目の酒や千鳥の盃などを献酬するためのもので、基本的には海（川）のものと山（里）のものの二種を、客の人数分と亭主の分に一人以上の数を加えて盛り付けます。取り箸は、中節を添えます。

八寸の器

八寸に用いる器は、赤杉のヘギ盆で一方に綴じ目がある、いわゆる木地八寸です。本来は一会限りの使いすてですが、趣向で八寸角ほどの大きさで、底面が平らであれば丸、四角形、八角形など、ほかの器を転用することもできます。底面が平らである理由は、盛り付けやすさはもちろんですが、茶事では盃事のあと木地八寸に盃台と懐紙をのせて運びやすいようにするためです。

「中節」

13頁 箸について

盛り付けの基本

八寸の盛り付けは、端正ですっきりとしてみえることを心がけます。茶懐石は二種盛りが基本となりますから、器の平面の余白をいかに上手にいかすかがポイントとなります。海（川）のものは左手前、山（里）のものは右奥に盛るのが約束で、取りやすさからすると、合理的な盛り付けです。具体的な盛り付けの位置は図を参照してください。

器を四等分したつもりで、その線状に海（川）のもの、山（里）のものをおさまりがよく、空間をいかした位置に形よく盛り付けます。

個々の盛り付けについては、バランスをみながら食材の形をいかして重ね盛りにします。

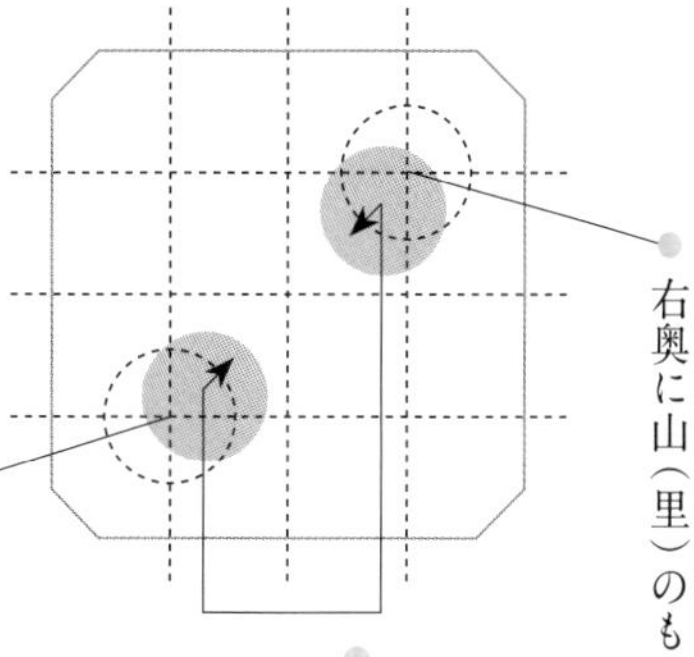

黒糸目椀

小吸物椀について

小吸物椀《こずいものわん》は煮物椀や焼物、預け鉢などをいただいたあと、このあとに続く八寸、盃事のために、口のなかに残る味や香りを清める白湯にかかわるものです。箸先を洗うためでもあることから箸洗い、分量が一口で召し上がれるということで一口吸物ともいいます。椀の蓋は、亭主が席中で八寸を盛り付けるときに用いますので、木地八寸に盛り付けるときは、小吸物椀の蓋にのる程度の大きさであることを覚えておきましょう。

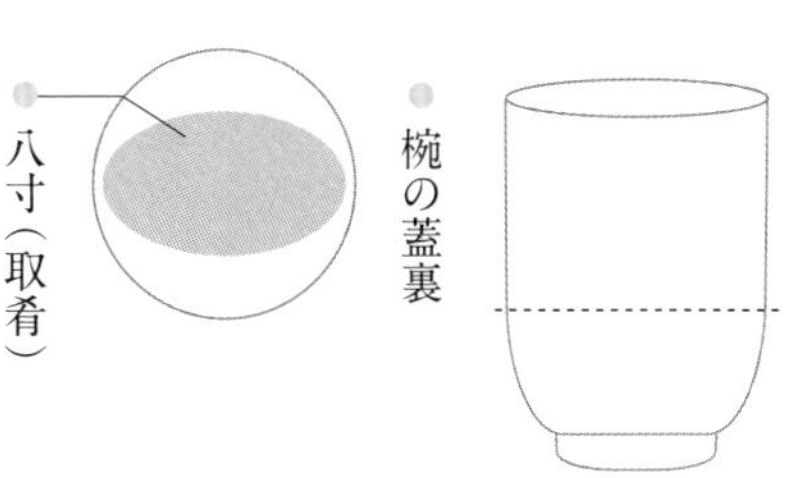

鱚《きす》と一寸《いっすん》豆《まめ》

海・川のもの

鱚

鱚はひらいて風干しにする。

山・里のもの

一寸豆

一寸豆は塩茹でにする。

1

箸で取りやすいように重ねて土台をつくる。

2

向きが同じにならないように重ねて盛る。

3

最後に全体のバランスをみる。2で盛り付けた鱚を左にふった。

1

重ねにくい食材は、下に土台をつくるとよい。

2

安定よく取りやすいように重ねる。

鱚風干しと胡瓜塩もみ

サーモンと茶筅茄子《ちゃせんなす》

海・川のもの

サーモン

サーモンは一口サイズに巻ける程度の長さに切って巻く。

山・里のもの

茶筅茄子

小茄子は茶筅茄子にして味よく炊く。蔕《へた》は食べられるので付けておく。

1 箸を入れやすいように土台をつくる。

2 重ねて盛る。

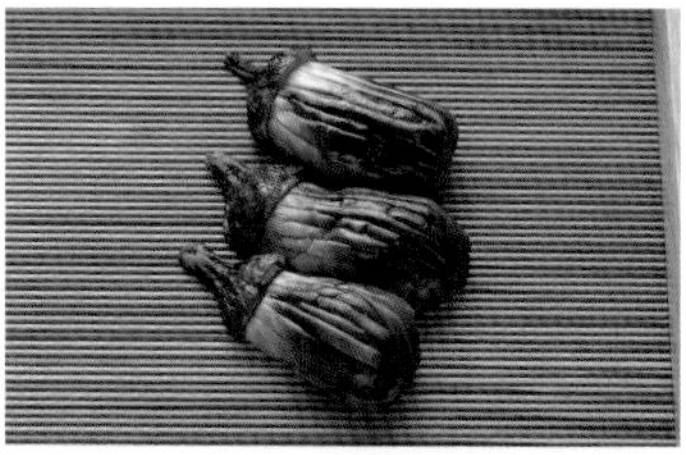

1 土台をつくる。

2 順に重ねて安定よく盛る。

サーモンと胡瓜塩もみ

サーモンと茶筅茄子

車海老《くるまえび》と蓮根揚《れんこんあげ》

海・川のもの

車海老

車海老は味をととのえた出汁で炊く。

山・里のもの

蓮根揚

蓮根は薄く切って素揚げにする。

1
木地八寸と平行にならないように、車海老を4尾盛り、土台をつくる。

2
残り3尾を重ねて盛り、動きがでるようにする。

1
薄く割れやすいので、箸で取りやすいように一枚一枚重ねて土台をつくる。

2
残りも互いちがいに重ねて盛る。

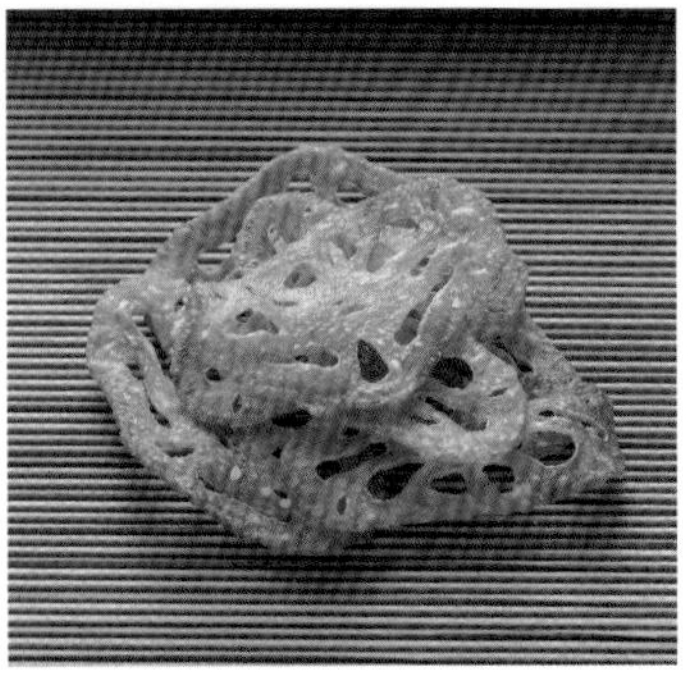

海老と岩茸

烏賊《いか》黄金焼《こがねやき》と胡瓜《きゅうり》塩《しお》もみ

海・川のもの

烏賊黄金焼

黄金焼とは、烏賊の表面に溶いた玉子を塗って火で炙ることを、数回くりかえしたもの。

山・里のもの

胡瓜塩もみ

塩もみにする胡瓜は小さいサイズを使う。

1 身が少し立つように、木地八寸と平行にならないように、盛り付けるとよい。

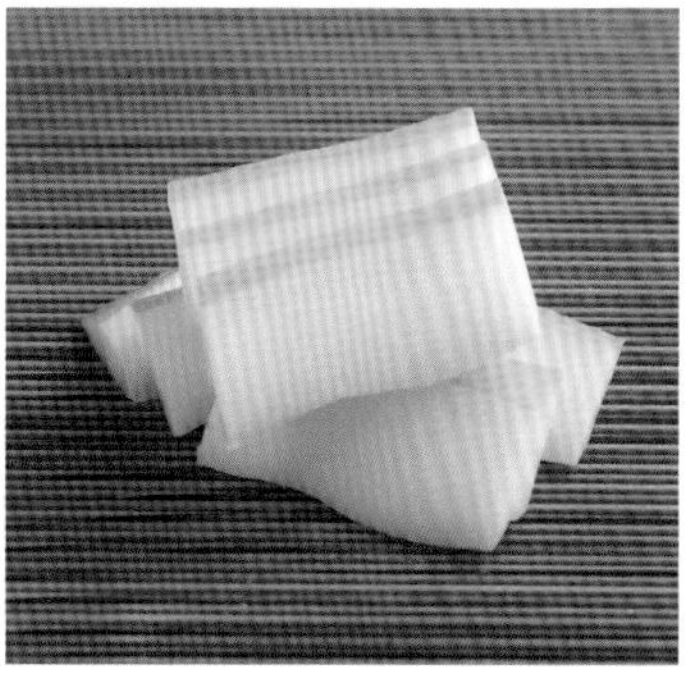

2 互いちがいに重ねて盛る。

1 木地八寸と平行にならないように盛り付けて、土台をつくる。

2 動きがでるように、重ねて盛る。

烏賊黄金焼と一寸豆

烏賊黄金焼とむかご

からすみと銀杏《ぎんなん》松葉さし

海・川のもの

からすみ

からすみは薄皮をむき、食べよく切る。

2 重ねて盛る。

山・里のもの

銀杏

銀杏は炒ったあと素揚げにして塩をふり、松葉に2個ずつ通す。

1 一人分の二切れを合わせて重ね、盛り付けてゆく。

2 取りやすいように、重ねて盛る。

1 土台をつくる。

2 松葉の根本を右にして、取りやすいように重ねて盛る。

からすみと銀杏松葉さし

四季の八寸

春

赤貝粕漬《あかがいかすづけ》と菜の花《なのはな》

赤貝は酒粕《さけかす》で1、2日間漬けたもの、菜の花は手早く焚く。

秋

海松貝《みるがい》味噌漬《みそづけ》としめじ松葉さし

海松貝は1、2日間味噌漬けに。しめじは味をととのえた出汁で炊き、松葉に通す。

夏

鱚《きす》風干しと蓮根揚

鱚はひらいて風干しにする。蓮根は薄く切って素揚げにする。

冬

新巻鮭《あらまきさけ》と胡桃《くるみ》素揚《すあげ》

新巻鮭は酒焼にする。胡桃は渋皮を取りのぞき、素揚げしたあと塩をふる。

茶懐石を盛り付ける

香物

香物《こうのもの》は茶懐石の流れで湯斗《ゆとう》とともに持ちだされます。基本的に三種盛りですが、焼物がでない朝茶事では二、三種多めに加えることもあります。根のもの、実のもの、葉のものと素材をかえ、切り方なども工夫します。

盛り付けの基本

香物だから…と盛り付けを重要視していない方が意外にも多いようです。八寸までは上手に盛り付けていたのに、香物になったとたん雑になってしまうのは残念なことです。絵画と同じで「画竜点睛を欠く」ことがないように最後まで気をぬかず、盛り付けていきましょう。

香物の盛り付けでは、取りやすさを考えるとおのずと答えがでてきます。奥に形が大きく箸で取りやすいもの、左手前には次に取りやすいもの、右手前には細かく刻んだものなど取りにくいものを盛ります。さらに中央に寄せ気味に盛ると散漫にならず、見ためも安定感があり実用的でもあります。

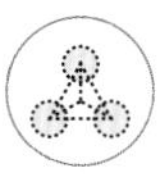

基本は三種盛り

［三角形の法則］

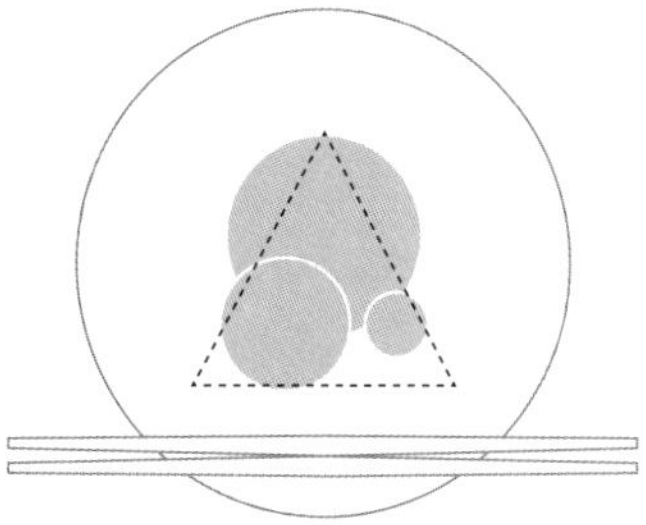

●三種の香物の基本的な盛り付け

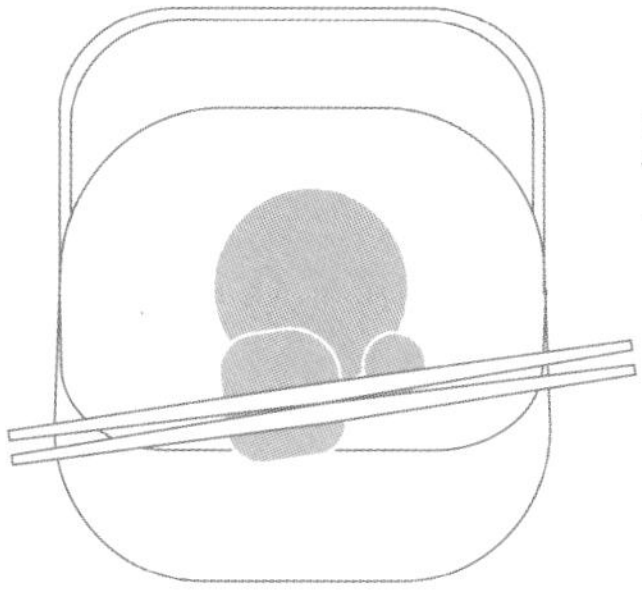

●手付きの器などは、香物と取り箸をやや回転させる

香物と湯斗

香物に合う器

香物を入れる器は、長盆にのせたときに湯斗とおき合わせられる大きさで、底面が平らであればとくに形や材質を問いません。季節によって、ざんぐりとした土物、磁器、ガラスなどを使います。

「両細」

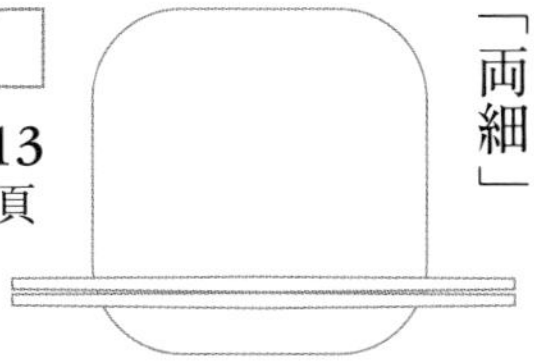

13頁 箸について

隠し包丁の入れ方

嚙みにくい香物には隠し包丁を入れると食べやすくなります。なかでも香物にかかせない沢庵は、歯ごたえがありますので敬遠される方もいますが、隠し包丁を入れることで食べやすくなり、席中でパリパリと音がすることもありません。

1

皮を下にして、ななめ格子（鹿の子状）に少し深く隠し包丁を入れる。

2

表に返して縦に少し深く隠し包丁を入れる。隠し包丁を1、2本入れながら食べやすい大きさに切る。

盛り付ける香物

すぐき
茄子辛子漬
日の菜

すぐきは隠し包丁を入れて一口大に切る。

日の菜は実を薄切りに、葉を細かく刻んで混ぜる。

すぐき

茄子辛子漬

日の菜

1 器の正面を定める。

2 器の奥に、すぐきを重ねて盛る。

3 茄子辛子漬を左手前につんもりと盛る。

4 日の菜は取りにくく崩れやすいので、右手前に盛る。取り箸を添える。

盛り付ける香物

千枚漬水菜
沢庵
柴漬

沢庵はできるだけ薄切りにする。柴漬は小口切りにする。千枚漬に水菜を巻いて、一口大に切る。

薄口醤油

千枚漬水菜

沢庵

柴漬

1 器の正面を定める。
2 千枚漬水菜は薄口醤油をつけてから、奥に重ねて盛る。

3 柴漬は、つんもりとまとめて器の右側に盛る。
4 沢庵は二つに折って、取りやすいように重ねて盛る。

盛り付ける香物

朝茶事の香物五種

大根浅漬・茗荷糠漬・胡瓜浅漬・菜の花漬・茄子糠漬

薄口醤油

深い器に盛り付けるときは、二種ほど土台として盛り、残りをそのまわりに重ねて盛るようにするとまとまりがよい。

大根浅漬

茗荷糠漬

胡瓜浅漬

菜の花漬

茄子糠漬

1 器の正面を定める。

2 大根は薄口醤油を少しつけてから、器の奥に重ねて盛る。

3 茗荷を大根の手前に重ねて盛る。

4 胡瓜は器の右側に重ねて盛り、菜の花を器の左側、茄子を手前に重ねて盛る。

盛り付ける香物

朝茶事の香物七種

大根浅漬・茄子糠漬・赤蕪・胡瓜浅漬・菜の花漬・茗荷糠漬・壬生菜塩漬

七種の場合は、底の広い器のほうが盛りやすい。

薄口醤油

大根浅漬

茄子糠漬

赤蕪

胡瓜浅漬

菜の花漬

茗荷糠漬

壬生菜塩漬

1 器の正面を定める。

2 大根は薄口醤油を少しつけてから、器の奥に重ねて盛る。

3 茄子も薄口醤油を少しつけてから、大根の左に重ねて盛る。

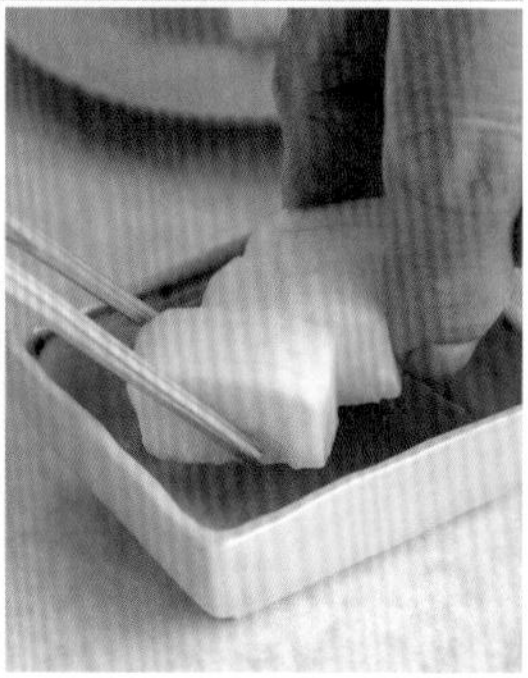

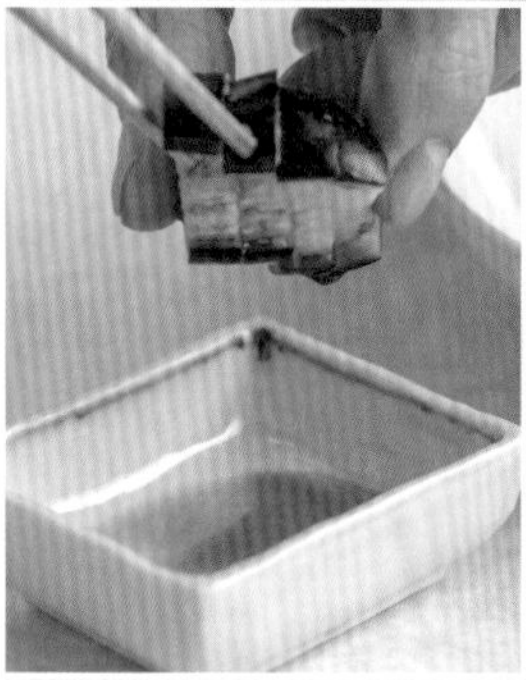

4 赤蕪は中央にそれぞれ重ねて盛る。

5 胡瓜は薄口醤油を少しつけてから、器の右側に盛る。

6 菜の花をまとめて器の右手前に盛る。

7 茗荷は取りやすいように重ねて盛る。

8 壬生菜は一人分ずつまとめて、取りやすいように重ねて盛る。

上段　香物
下段　焼物

茶懐石を盛り付ける

引き重

今はあまり使われなくなりましたが、焼物と香物を引《ひ》き重《じゅう》でおだしすることもあります。

引き重は二段組の重箱で、上段には香物、下段には焼物を盛り付けて両細の取り箸を添えます。器は不見斎好みに上下段ともに塗りの糸目のものがあり、ほかに上下段ともに陶器のもの、上段が塗りで下段が陶器のものもあります。

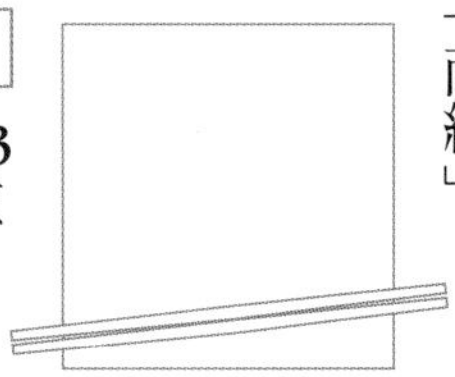

「両細」

13頁
箸について

茶懐石を盛り付ける

つぼつぼ

新しい茶席披露のときや、はじめての客を招くときに折敷《おしき》に「つぼつぼ」といわれる小さな器に、膾《なます》（酢の物）を入れておく場合があります。いつからの習慣かよくわかりませんが、江戸時代末期には定着していたといわれています。もとは伏見稲荷の初午の日に、門前で売られていた「つぼつぼ」という土器に由来するとも伝えられています。

つぼつぼには膾を入れる

点心の盛り付けと お弁当いろいろ

点心の盛り付け、お弁当の詰め方

茶会のもてなしに、点心という簡素化された食事があり、短時間に大勢の方をお招きするお茶会で利用されます。簡素化されたとはいえ、もてなしに込める気持は少しも変わらず、使われる食器も茶会の主旨に合わせ、選ばれた佳品が用いられます。

料理の内容は、正午の茶事となんら変わらぬ形で向付《むこうづけ》、煮物と持ちだされることが多く、盛り付けの工夫は、数種の料理を盛り合わせる、盛肴《もりざかな》に凝らされます。

夏には涼しげに余白をいかし、緑あざやかな朴《ほお》の葉や笹を使うのも、季節の楽しみを感じる一つです。また、ガラスの向付や酒器を使えるのも、夏なればこそのもてなしです。

茶人の正月ともいわれる、炉開きから口切りの頃は、茶の湯の喜びのときで、料理の素材も豊かな自然の恵みを充分に持ち、腕の振るい甲斐があります。風炉の時季から使われてきた柚子の香りも、柑橘らしい爽やかさのなかに甘い香りが含まれ、霜のおりる頃には皮肌も黄色くなり、秋から冬への季節を感じます。

料理を皿に美しくおくことを「盛り付ける」というのに対して、弁当は「詰める」といいます。

弁当や折り詰めは、携行を目的としたものですから、箱形や円形などの蓋付きの容器が使われ、持ち運びの途中で料理がみだれ見苦しくならぬよう、すき間なく詰めることが求められます。異なる料理が接するので、味が混ざらぬよう仕切りに葉を入れて防ぎ、詰め方も鉢類と大きくかわります。すき間なく詰めるからこそ、箸でつまみよく、食べやすいように気を配ります。

古くは、高貴な方は組重《くみじゅう》という重箱に箸、取り皿、錫《すず》でつくった酒次ぎ、朱盃を組み合せて、持ち運びやすい覆いをつくり、屋外の風趣を楽しみながらひとときを過ごしていました。今でも京都では、花見に紅葉に家に伝わるお重を持って、仲のいい仲間と行楽に行く方もいます。京都には、「弁当始め、弁当納め」という言葉があり、春のお花見頃から秋のもみじ狩りの頃まで弁当を持ちだし、日常生活から離れた楽しい食事の機会を、家族や友人と持ったことがわかります。

弁当の歴史はかなり古く、確立された文化ともいえます。

点心の盛り付けとお弁当いろいろ

点心の盛り付け

点心はこまごまとした料理を器に盛り付けますが、基本の三点盛り、または二点盛りにするとバランスよく盛り付けることができます。

風炉の時季の点心

ガラスの器は夏の時季に合います。底に笹の葉を敷くと見ためも爽やかになります。笹の葉はそのまま敷いてもよいですし、写真のように器の形に合わせて切り、アクセントを付けるために底面の半分に敷くと意外性が感じられます。また糸目の筋にあえて平行にしないことで洒落感がでます。この場合は二点盛りで、安定よくみせるためには、器の手前にバランスの重いもの、上部には軽いものを盛ります。夏の時季にも合う生姜ご飯を付けました。

炉の時季の点心

この点心は炉の時季の献立です。秋の気配を表すため裏白《うらじろ》も敷くことが多いのですが、ほどよく蒔絵をだしてみました。吹き寄せ七種、烏賊黄金焼、カラスミの茶巾絞り、子持ち鮎、鯛のお造りをツボツボに入れたものを三点盛りにしています。盛る位置は秋を強く感じてほしいときは吹き寄せを手前に、初秋の時季は膾を手前にするなど、季節感や想いを盛り付けに反映します。

料理を上下に盛り分ける

料理を三か所に盛り分ける

点心の盛り付けとお弁当いろいろ

お弁当の詰め方

お弁当を盛り付ける際の料理の位置は、取りにくいものは右手前に、安定感のあるものは奥にと、茶懐石の基本とかわりません、

使う食材

裏白

菊の葉

鯖寿司

ガリ生姜

平目

鰆幽庵焼

玉子焼

蛤雲丹焼

銀杏の松葉さし

海老・胡瓜・椎茸の串ざし

菊花と菊菜の胡麻浸し

一重のお弁当

2〜3人分

このお弁当はご自宅でおもてなしをするときや、持ち運ぶときなどにお勧めの詰め方です。

1 裏白を2枚敷く。

2 鯖寿司を箸で取りやすいように詰める。ガリ生姜をすき間に詰める。

3 向付を奥におき、焼物が直接底面に付かないように、菊の葉を敷く。

4 菊の葉の上に焼物の鰆を安定よく重ねて詰める。

5 安定のよい玉子焼を奥に詰める。

お弁当の詰め方

6 蛤が崩れないように、玉子焼にもたせかけるように、重ねて詰める。銀杏はすき間を埋めるように詰める。

7 海老・胡瓜・椎茸の串ざしは、蛤に立てかけるように詰める。

8 菊菜の胡麻浸しの汁がほかの料理と混ざらないように菊の葉を敷き、菊菜の胡麻浸しを杉盛りに詰めて完成。

三段のお弁当

2〜3人分

三段の場合は、口取り、焚き物、ご飯を別の段に盛り付けることができますので、人数の多いときなどに適し、料理に味が混ざりにくい利点もあります。ご飯など重たいものは下の三段目で、二段目に焚き物、一番上は口取りを詰めます。

一段目

使う食材

イクラおろし和え

鱈風干し

海老・獅子唐・椎茸旨煮竹串

子持ち鮎

むかご

湯葉山椒焼

裏白

菊の葉

1 裏白を1枚敷き、向付のイクラをおく。

2 鱚を安定よく重ねて詰める。

3 焚き物の味が鱚と混ざらないように、菊の葉を敷く。

4 海老・獅子唐・椎茸の竹串を、菊の葉の上に立てかけるように詰めてゆく。

5 子持ち鮎を手前に詰める。

6 むかごをすき間に詰める。

7 湯葉を重ねて詰めて完成。

お弁当の詰め方

二段目

1 安定のよい飛龍頭、蓬麩を奥に詰める。

2 崩れやすい海老芋を手前に詰める。

3 すき間を埋めるように、椎茸を詰める。

4 柚子のせん切りを添えて完成。

使う食材

飛龍頭

蓬麩

海老芋

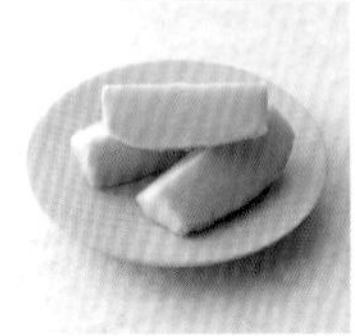

椎茸

柚子せん切り

三段目

使う食材

生姜ご飯

菊の葉

鰯芥子和え

鴨ロース
辛子

1 手前に生姜ご飯を詰める。

2 鰯の芥子がほかの料理につかないように、菊の葉を敷きながら鰯を詰める。

3 鴨ロースを詰める。

4 鴨ロースに辛子を添えて完成。

点心の盛り付けとお弁当いろいろ

お重に詰める

春の「弁当はじめ」から紅葉狩りの「弁当納め」までつくられる行楽の折り詰めのほかに、お重《じゅう》に詰めた「おせち」とよばれる節句を祝う料理があります。

　重詰めは、江戸時代一般庶民に普及していたようです。仙厓和尚の吉野花見画賛に「吉野でも楽しみハ花の下より鼻の下」とあるように、昔からお重（弁当）持参の行楽は、日常生活のなかで大きな楽しみの機会であったことがわかります。

　現在は、正月のおせちがお祝いの意味をふくめ、私たちの生活に一番馴染みの深い風習といえます。内容はもちろんめでたいものを選び、色合いを明るく綺麗に詰め、お祝いの意味を強調する松の葉や梅に模った料理なども添えます。また、しきたりとして三種のごまめ、数の子、叩き牛蒡は必ず用意します。写真は一重から三重までの、たくさんのおせちを詰めたものです。

　「新たな年を寿《ことほ》ぐ」。未来に残したい風習です。

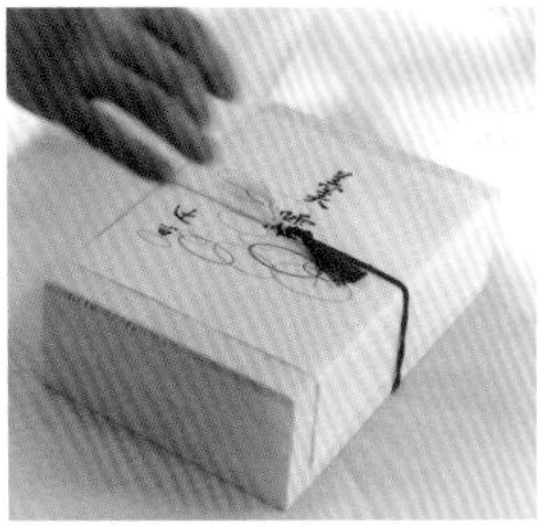

点心の盛り付けとお弁当いろいろ

再利用の「器」に盛る、詰める

「何かに使えるかも…」と、残しておいた菓子箱や籠を使って、盛り皿がわりに、また、手軽なお弁当箱として再利用してみました。おうち時間に家族で、また友人を招いて楽しい時間を過ごすのもいいでしょう。自分の世界をつくってみませんか。

和菓子、漬物が入っていた
籠と木箱に盛る

和三盆が入っていた
曲の器に詰める

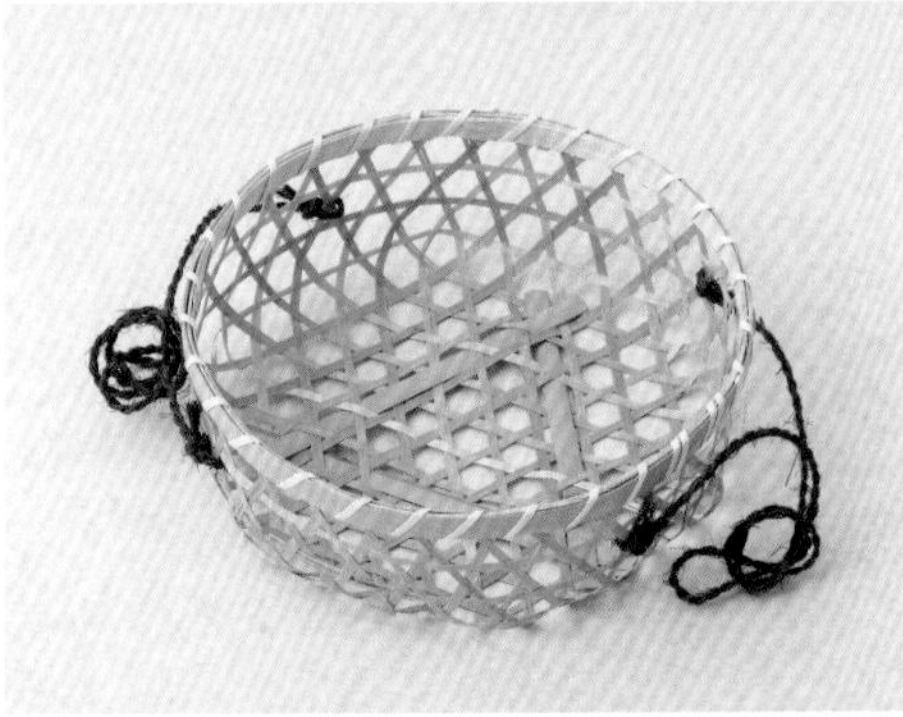

和菓子が入っていた
竹の籠に盛る

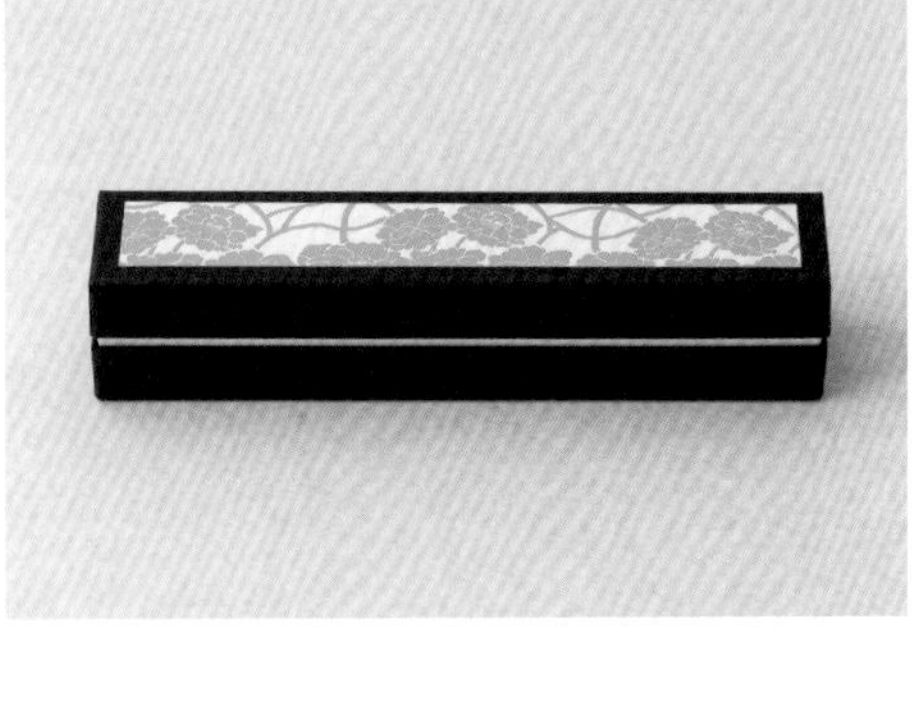

ケーキが入っていた
菓子箱に詰める

籠と木箱

木の箱は「何かに使えるかも」の代表選手。そのままお弁当の箱として流用できますが、ここでは箱の蓋を籠に敷いて使います。

使う食材

蛤ちらし寿司
黄身和え

湯葉山椒焼

海老芋旨煮

胡瓜塩もみ

スモークサーモン

大根と人参の膾

菊の葉

再利用の「器」に盛る、詰める

曲《まげ》の入れ物

以前、曲の器に入った和三盆をいただいたことがあります。すてがたく保管しておりました。料理を竹の皮に包んで詰め、上に升の盃を入れてみました。

使う食材

鰆幽庵焼

海老芋旨煮

飛龍頭

菊花と菊菜の胡麻浸し

海老・獅子唐・椎茸旨煮竹串

竹の籠

夏の和菓子がよく入れられている籠。笹の葉を敷くと爽やかな籠盛りに。手持ちのお弁当箱と合わせても面白いです。

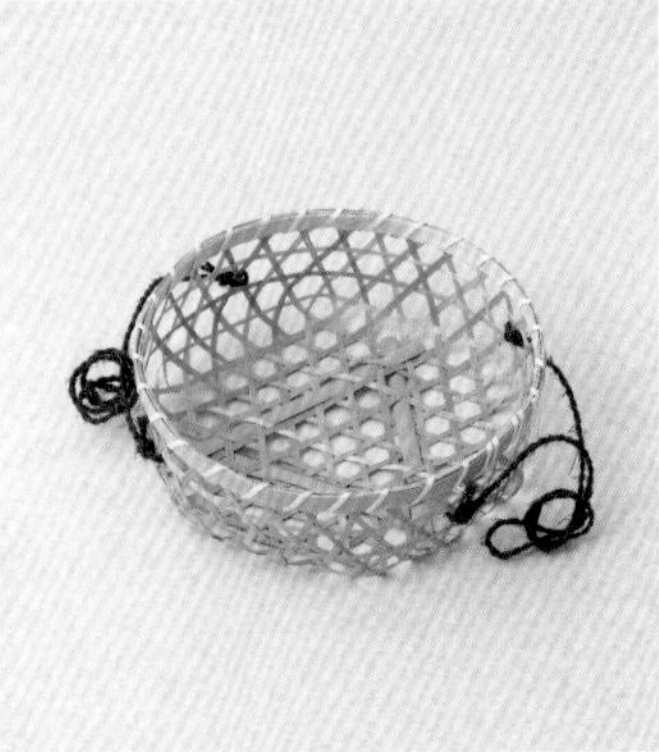

笹の葉

使う食材

鴨ロース

鰯芥子和ぇ

生姜ご飯

鯖寿司

木耳真薯

海老芋の素揚

蓬麩

蛤雲丹焼

海老・胡瓜・椎茸竹串

出汁巻玉子

菊花と菊菜の胡麻浸し

再利用の「器」に盛る、詰める

紙箱

ケーキ屋さんの可愛い紙箱をすてられずにいる…。では使いましょう。緑をいかしたいので葉を敷かず、箱に汁気がしみないようにラップを敷きました。

使う食材

出汁巻玉子

鴨ロース

獅子唐

湯葉山椒焼

蛤雲丹焼

椎茸

鶏丸

再利用の「器」に盛る、詰める

再利用の器に

残しておきたいと思う箱や籠はすべて気に入ったものばかり、そこに料理や弁当を詰めてみるのは何と楽しいことでしょう。何ものにもとらわれず自由な観点から見ると、アイデアも取り合わせも今までにない新しい発想が生まれます。

器も自分だけのオリジナルなら、でき上がる盛り付けも世界に一つ、自分だけのものです。これだけで楽しくなります。

お気に入りの箱を使うのに、再利用などといってはいけません。新しい生命を吹き込まれた、素晴しい器を産みだすよいチャンスです。

弁当など利用の仕方により、あり合わせの料理を詰めるもよし、献立の合わせ方も自分のセンスをいかして盛り付けるもよし、少々突拍子がなくとも「面白い！」で済まされます。でき映えを家族や友人にみせたら、あとは洒落た取り皿を持ちだして、お楽しみの時間です。どちらの家にも、大切に取りおいたお気に入りの箱があるはず。食べよくさえ詰められたらそれでよいのです。

再利用のよさを皆様にお伝えできたらと思います。

茶
Happy Birthday
Läderach
チロル
Marché au Beurre
DEMEL VIENNE

平《たいら》 晴彦《はるひこ》

昭和21年東京生まれ。青森県立青森高校卒業後、昭和40年に辻留銀座店へ入店。昭和48年には二代目主人・辻嘉一の四女、嘉代子と結婚。昭和50年より出張料理専門の辻留京都店を任され、現在に至る。著書に『京都辻留がつくる季節の茶懐石』（世界文化社）、『京都辻留　季節の煮物椀』『おしえて！　辻留さん　茶懐石のワザをいかす毎日ごはん』（淡交社）がある。

辻留

初代、辻留次郎が裏千家十三代家元圓能斎に手ほどきを受け、京都に店を構えたのが辻留のはじまり。茶道裏千家から出入りを許される、茶懐石料理の名門。

辻留の盛り付け
茶懐石からお弁当まで

令和三年三月二十二日　初版発行

著　者　平　晴彦
発行者　納屋嘉人
発行所　株式会社　淡交社
本社　〒六〇三-八五八八　京都市北区堀川通鞍馬口上ル
営業　〇七五（四三二）五一五一
編集　〇七五（四三二）五一六一
支社　〒一六二-〇〇六一　東京都新宿区市谷柳町三九-一
営業　〇三（五二六九）七九四一
編集　〇三（五二六九）一六九一
www.tankosha.co.jp

印刷・製本　図書印刷株式会社

ISBN978-4-473-04454-9